김의용 목사 설교집 제1권

말씀하시는 하나님

* 이 책의 표지와 본문 서체는 함초롱바탕, 함초롱돋움체로 쓰였습니다.

김의용 목사 설교집 제1권

말씀하시는 하나님

초판1쇄 - 2017년 11월 30일

지 은 이 - 김의용
펴 낸 이 - 채 주 희
편   집 - 김주영, 김하영
펴 낸 곳 - 엘맨출판사

서울시 마포구 신수동 448-6
출판등록 - 제10-1562호(1985.10.29)

Tel. / 02-323-4060,
Fax / 02-323-6416
e-mail / elman1985@hanmail.net
홈페이지/www.elman,kr
잘못된 책은 바꾸어 드립니다.
무단복제를 금합니다.

ISBN 978-89-5515-613-3   03230

값 13,000원

김의용목사 설교집 제1권

말씀하시는 하나님

김의용 지음

'하나님의 사람을 닮아가는 좋은책' 엘맨

목차

머리말 　| 6

제 1 부　**말씀이신 하나님**　| 11

말씀이신 하나님(1)(요한복음 1:1~5)　　　　　　　　　　　13

말씀이신 하나님(2)(요한복음 1:6~18)　　　　　　　　　　21

예수 그리스도의 이름으로(사도행전 4:5~12)　　　　　　28

하나님의 시간과 인간의 시간(창세기 1:1~8)　　　　　　34

불퇴전의 신앙(잠언 24:16, 다니엘 3:8~18)　　　　　　　39

산을 옮기는 믿음(마가복음 11:22~24)　　　　　　　　　46

긍정적 말의 힘(야고보서 3:1~12)　　　　　　　　　　　53

시험을 이기는 방법(야고보서 1:2~4)　　　　　　　　　　60

그가 말씀하신 대로 살아나셨느니라(마태복음 28:1~15)　65

첫 번째 크리스마스(마태복음 2:1~12)　　　　　　　　　73

제 2 부 **교회부흥** | 81

선한 사마리아처럼(누가복음 10:25~27)   83

주안에서 하나입니다(요한복음 17:20~26)   90

말씀이 살아있는 교회(마태복음 7:28~29, 히브리서 4:12)   97

집중적인 기도에 기적이 일어난다(열왕기상 18:41~46, 사도행전 2:42)   104

오직 전도로 승부하라(마가복음 1:32~38, 고린도전서 9:16~17)   109

인내의 승리(약 1:1~4)   116

목표가 분명한 사람이 승리한다(창세기 37:1~11, 디모데후서 4:7~8)   121

제 3 부   기도응답의 비결 | 127

기도의 거장 엘리야(열왕기상 8:26~40)   129

히스기야의 기도(이사야 38:1~8)   136

염려 대신 기도를(마태복음 6:25~34)   143

야베스의 기도(역대상 4:9~10)   151

모세의 기도(민수기 14:13~19)   158

다니엘의 기도(다니엘 6:1~18)   164

이방선교의 문을 연 고넬료의 기도(사도행전 10:1~16)   171

기도응답의 비결(열왕기상 18:41~46)   177

믿음의 거장 아브라함(히브리서 11:8~12)   184

제 4 부 예배자를 찾으시는 하나님 | 191

호산나 찬송하리로다 주의 이름으로(마가복음 11:1~11)   193

하나님은 나의 목자이시니(시편 23:1~6)   200

환난 중에 소망을(로마서 5:1~5)   206

축복의 사람(시편 1:1~6)   213

예배자를 찾으시는 하나님(요한복음 4:20~26)   220

그가 오신 이유(누가복음 2:8~20, 마가복음 10:45)   227

기쁨으로 여호와께 감사하라(시 100:1~5, 출 23:14~17)   234

네가 나를 사랑하느냐(요 21:15~23)   240

복음전파는 성령의 능력으로(1)(사도행전 1:1~11)   247

복음전파는 성령의 능력으로(2)(사도행전 1:1~11)   254

행복선언(1) 심령이 가난한 자는 복이 있나니(마태복음 5:1~12)   261

걸음을 인도하시는 여호와(잠언 16:9, 베드로전서 5:7)   268

머리말

육군 초임 군목때 어느 연대 부연대장 집사님께 타이핑한 설교 몇 편을 묶어서 드린 적이 있습니다.

며칠을 지나 그 집사님을 만났는데 "영감의 말씀에 은혜를 받았습니다"라는 그 말에 마음에 기쁨과 만족이 있었습니다.

그 말을 들은 적이 엊그제 같은데 이미 20년이 훌쩍 지나갔습니다.

이제 늘 마음 속에 품었던 설교집 시리즈를 드디어 처음으로 내게 되었습니다.

'김의용목사 설교집 1권!'

함께 하신 하나님께 감사드립니다.

이제 1권이 아니라 매해마다 1권씩 발행되어 필자에게는 성찰의 기회를, 후배목회자들에게는 도전의 기회로 삼는 계기가 되었으면 좋겠습니다.

아직 저는 부족한 설교자입니다.

앞으로 북한선교 즉 민족의 통일을 내다보며 북한지역 내 20교회를 세우고 성전건축하는 것이 우리교회와 저의 비전이며 꿈입니다.

하나님은 전능하신 하나님이시기에 반드시 이루리라 확신합니다.

7년 군선교를 마치고 비전과 꿈을 가지고 교회개척 사역에 함께 한 아내 고효정사모께 감사드리고 부족한 종을 위해 기도해 주신 수많은 분들에게 감사의 마음을 전합니다.

2년 전 별세하신 어머니 김귀순권사님을 추억하며 아들의 목회를 위해 사르밧과부처럼 모든 것을 헌신했던 어머님의 신앙에 감사의 마음을 전합니다.

지금도 함께 하신 예수님!

앞으로도 영원히 함께 하실 예수님!

초등학교 5학년 때 찾아오셔서 거듭나게 하시고 주신 사명을 잘 감당하기를 소망합니다.

하나님의 영광을 날마다 보기를 소망합니다.

2017년 11월

청라믿음의교회 김의용목사

제 1 부

말씀이신 하나님

말씀이신 하나님(1)(요한복음 1:1~5)
말씀이신 하나님(2)(요한복음 1:6~18)
예수 그리스도의 이름으로(사도행전 4:5~12)
하나님의 시간과 인간의 시간(창세기 1:1~8)
불퇴전의 신앙(잠언 24:16, 다니엘 3:8~18)
산을 옮기는 믿음(마가복음 11:22~24)
긍정적 말의 힘(야고보서 3:1~12)
시험을 이기는 방법(야고보서 1:2~4)
그가 말씀하신 대로 살아나셨느니라(마태복음 28:1~15)
첫 번째 크리스마스(마태복음 2:1~12)

말씀이신 하나님(1)

요한복음 1:1~5

태초에 말씀이 계시니라. 이 말씀이 하나님과 함께 계셨으니 이 말씀은 곧 하나님이시니라. 그가 태초에 하나님과 함께 계셨고 만물이 그로 말미암아 지은 바 되었으니 지은 것이 하나도 그가 없이는 된 것이 없느니라. 그 안에 생명이 있었으니 이 생명은 사람들의 빛이라 빛이 어둠에 비치되 어둠이 깨닫지 못하더라.

어느 날 밤중에 예수님을 찾으러 온 사람이 있었습니다. 그는 유대인으로서 명망가이기에 유명한 사람이기도 합니다. 부자요 바리새인이요 산헤드린의 한 사람입니다. 예수님 당시 산헤드린은 70명이었습니다. 그의 이름은 니고데모입니다.

세상에서 모자랄 것이 없는 사람인데 왜 예수님을 찾아 왔을까요?

정치적으로도 권세있는 자요 물질적으로도 권세있는 자요 종교적으로도 권세있는 자입니다.

예수님 당시 바리새인은 6000명인데 종교적 엘리트들입니다.

그는 바리새인 중에 바리새인입니다.

찾아온 이유는 '구원의 문제' 이었습니다. 이것은 그 어떤 것으로도 해결할 수 없는 근본적인 인생의 문제, 본질의 문제이기도 합니다.

사람들은 저마다 다른 염려와 걱정을 가지고 살아가고 있습니다.

어떤 사람은 건강한데 물질문제로 고민하는 사람이 있고 어떤 사람은 경제적으로 풍족한데 자녀문제로 신음하는 사람들이 있습니다.

어떤 사람은 좋은 대학을 졸업했지만 취직이 되지 않아 염려하는 등 수많은 사람들이 각기 다른 문제를 안고 살아갑니다.

이 세상에 완벽한 사람은 아무도 없습니다.

왜요?

나약한 인간이기 때문입니다.

성경은 이것을 뭐라고 말씀했습니까?

로마서 3장 10절입니다.

"의인은 없나니 하나도 없으며"

무슨 말씀입니까?

"모든 사람은 죄인이다" 이 말씀입니다.

사도바울은 더 나아가서 로마서 3장 23절에 이렇게 말씀하고 있습니다.

"모든 사람이 죄를 범하였으매 하나님의 영광에 이르지 못하더니"

사랑하는 성도 여러분!

염려하고 근심한다고 해서 문제가 해결됩니까?

해결되지 않습니다.

염려를 이기는 비결이 베드로후서 5장 7절에 말씀하고 있습니다.
함께 읽습니다.

"너희 염려를 다 주께 맡기라 이는 그가 너희를 돌보심이라"

니고데모는 심각한 고민을 하고 있습니다.
'밤에 찾아왔다'는 말은 그가 유대인의 유명한 자이기에 낮에 찾아오기 부담스러웠고 그가 고민하는 문제는 물질과 권세와 정치적 어떤 힘으로도 해결될 수 없는 문제였습니다.
니고데모는 예수님께 이렇게 말씀했습니다.

"랍비여 우리가 당신은 하나님께로부터 오신 선생인 줄 아나이다. 하나님이 함께하시지 아니하시면 당신이 행하시는 이 표적을 아무도 할 수 없음이니이다"(요한복음 3:2)

예수님은 어떤 분이십니까?
사람의 현재, 과거, 미래를 다 아시는 분이시요 능치 못함이 없는 분이시며 사람의 생각을 이미 다 알고 있는 분이십니다.
한 마디로 니고데모의 고민은 '내가 어떻게 해야 구원 받을 수 있느냐' 이 문제입니다.
예수님은 말씀하셨습니다.
"물과 성령으로 거듭나야 한다"
"물과 성령으로 거듭나지 아니하면 하나님의 나라에 들어갈 수도 없고 볼 수도 없다" 이 말씀입니다.
우리가 예수님을 믿는 이유가 무엇입니까?

바로 이것입니다. 하나님의 나라를 보는 것이며 하나님의 나라에 들어가기 위해서입니다.

그런 측면에서 본문의 말씀은 예수님이 누구신지 분명하게 말씀하시고 있습니다.

말씀하신 하나님이 누구입니까?

바로 예수그리스도이십니다.

1. 태초에 하나님과 함께 계셨습니다.

말씀이 하나님과 동등하다는 사실은 우리가 믿는 예수님이 얼마나 위대하신 분이심을 보여주고 있는 것입니다.

성경은 창조주 하나님을 성부하나님으로, 성자하나님을 예수님으로 말씀하시는데 성부하나님과 성자하나님의 능력이 동등하다는 말씀입니다. 아버지니까 더 힘이 세고 아들이니까 그 힘이 약하고 그렇지 않다는 것입니다. 그렇다고 해서 세분 하나님이시니까 -성부하나님, 성자하나님, 성령하나님- 신이 셋이니까 다신교로 말씀하고 있지 않습니다.

사람의 이성으로 설명하기 쉽지 않지만 성경은 '삼위일체 하나님', '삼위일체론'을 말씀하고 있습니다.

본문 성경에 말씀이신 하나님이 태초에 함께 계셨다는 것입니다.

그 분이 누구십니까?

우리가 믿는 예수그리스도이십니다.

예수그리스도는 태초에 하나님과 함께 계셨고 그 하나님이 나와 인류의 구원을 위해 사람의 몸을 얻고 오셨는데 이 사건은 성육신이라

하고 이 사건의 절기가 성탄절입니다.

그러니까 예수님은 어떤 분이십니까?

창조주 하나님이시라는 것입니다.

요한복음 1장 18절은 더욱 구체적으로 말씀하고 있습니다.

"본래 하나님을 본 사람이 없으되 아버지 품속에 있는 독생하신 하나님이 나타내셨느니라"

2. 만물이 그로 말미암아 창조되었습니다.

창세기 1장 말씀을 보면 삼위일체 하나님에 대해서 증언해주고 있습니다. 맨 마지막 창조물이 '사람'인데 '사람'을 창조하실 때에 삼위일체 하나님의 형상대로 지음을 받았다는 말씀입니다.

창세기 1장 26절입니다.

"하나님이 이르시되 우리의 형상을 따라 우리의 모양대로 우리가 사람을 만들고 그들로 바다의 물고기와 하늘의 새와 가축과 온 땅과 땅에 기는 모든 것을 다스리게 하라 하시고"

1인칭 단수가 아니라 1인칭 복수를 쓰고 있습니다.

삼위일체 하나님의 창조요 섭리요 능력임을 말씀하고 있다는 것입니다.

예수님으로 말미암아 모든 만물이 창조되었고 지은 모든 것이 "그가 없이는 된 것이 없느니라"고 말씀하고 있는 것입니다. 그런 측면에서 사람의 몸을 입고 오신 예수그리스도는 창조주 하나님이시요 창조주 하나님과 동등된 분이심을 분명하게 말씀하고 있습니다.

사랑하는 성도 여러분!
"세상의 모든 종교는 다 똑같고 다 좋은 거야"
이 말은 사탄, 마귀의 속삭임을 분별해야 할 것입니다.
이왕에 믿을 바에 피조물이 아니라 창조주 하나님을 믿어야 되지 않겠습니까?
그가 창조주 하나님이시기에 부활의 문제도 다 해결되는 것입니다.

기독교 신앙은 분명합니다.
"예수님이 하나님이시다."
"모든 만물이 그로 말미암아 지은 바 되었고 지은 것이 그가 없이는 된 것이 없다"
이 사실을 분명하게 증거해 주고 있습니다. 이것을 굳건히 믿는 것이 믿음이요 신앙입니다.
그런 까닭에 우리가 어떤 위험이나 시험에 처해도 승리할 수 있는 것은 주님이 나와 함께 계시고 그것을 이길 수 있는 능력을 주시기에 우리는 반드시 승리하며 어떤 시험과 어떤 질병에도 이길 수 있음을 확신하시기 바랍니다.

3. 그에게 생명이 있습니다.

이 생명은 '영생'으로 표현할 수도 있고 '구원', '구속'으로 말할 수 있습니다.

우리가 예수님을 믿고 이 세상 죽음으로 모든 것이 끝난다면 예수님을 믿을 필요가 없는 것입니다. 물론 믿는 자 중에는 잠시 위로와 격려를 받기 위해서 혹은 마음의 평안함 때문에 기독교라는 종교를 택하는 사람도 있을 것입니다. 그러나 기독교의 궁극적 목적은 구원과 영생입니다. 생명입니다.

요한복음 11장 25~26절입니다.

"나는 부활이요 생명이니 나를 믿는 자는 죽어도 살겠고 무릇 살아서 나를 믿는 자는 영원히 죽지 아니하리니"

본문 성경에 뭐라고 말씀했습니까?

"그 안에 생명이 있었으니"(요한복음 1:4)

예수님 안에 영생이 있고 생명이 있습니다.
모든 사람은 다 죽습니다.
죽음으로 끝나는 것이 아니라 히브리서 9장 27절 말씀처럼 심판이 있습니다.

"한번 죽는 것은 사람에게 정해진 것이요 그 후에는 심판이 있으리니"(히브리서 9:27)

심판은 반드시 있는데 심판은 우리가 이 세상 있을 때 예수를 믿었느냐 안 믿었느냐에 따라 불신은 영원한 지옥으로, 믿음은 영원한 생명으로 정해진다는 말씀입니다.

이것이 심판입니다.

심판은 다른 것이 아닙니다. 하나님은 우리의 행위를 보시고 심판하는 것이 아니라 우리의 믿음을 보시고 심판한다는 것입니다. 이것이 믿음의 비밀이요 심판의 비밀입니다.

예수님을 믿는 믿음의 도리에 굳건하게 사십시다.

그분 안에 영생과 생명이 있으니 주님과 주님 나라를 위해 충성, 헌신을 다하시기 바랍니다.

말씀이신 하나님(2)

하나님께로부터 보내심을 받은 사람이 있으니 그의 이름은 요한이라 그가 증언하러 왔으니 곧 빛에 대하여 증언하고 모든 사람이 자기로 말미암아 믿게 하려 함이라 그는 이 빛이 아니요 이 빛에 대하여 증언하러 온 자라 참 빛 곧 세상에 와서 각 사람에게 비추는 빛이 있었나니 그가 세상에 계셨으며 세상은 그로 말미암아 지은 바 되었으되 세상이 그를 알지 못하였고 자기 땅에 오매 자기 백성이 영접하지 아니하였으나 영접하는 자 곧 그 이름을 믿는 자들에게는 하나님의 자녀가 되는 권세를 주셨으니 이는 혈통으로나 육정으로나 사람의 뜻으로 나지 아니하고 오직 하나님께로부터 난 자들이니라 말씀이 육신이 되어 우리 가운데 거하시매 우리가 그의 영광을 보니 아버지의 독생자의 영광이요 은혜와 진리가 충만하더라. 요한이 그에 대하여 증언하여 외쳐 이르되 내가 전에 말하기를 내 뒤에 오시는 이가 나보다 앞선 것은 나보다 먼저 계심이라 한 것이 이 사람을 가리킴이라 하니라 우리가 다 그의 충만한 데서 받으니 은혜 위에 은혜러라 율법은 모세로 말미암아 주어진 것이요 은혜와 진리는 예수 그리스도로 말미암아 온 것이라 본래 하나님을 본 사람이 없으되 아버지 품 속에 있는 독생하신 하나님이 나타내셨느니라.

예수님께서 일반사람들이 생각하는 '하나님'이라고 믿으면 많은 사람들이 예수님께로 돌아올 것입니다. 또한 다른 종교 예를 들면, 불교라든지 천주교, 이슬람교 등 다른 종교 믿는 사람들이 "예수그리스도는 하나님이시다” 이 사실을 받아들인다면 많은 타종교인들이 예수님을 영접할 것입니다.

그런데 왜 예수님을 하나님으로 믿지 않느냐? 입니다.

문제는 교회를 다니고 예수님을 믿는 사람들 중에도 ‘예수님이 하나님이시다’라고 분명한 확신을 갖고 있지 않는 분들도 더러 있다는 것입니다.

요한복음은 첫장부터 ‘예수님은 하나님이시다’ 분명하게 그 계시의 말씀을 밝혀주고 있습니다.

요한복음 1장 1절에 뭐라고 말씀하시고 있습니까?

“태초에 말씀이 계시니라 이 말씀이 하나님과 함께 계셨으니 이 말씀은 곧 하나님이시니라”

말씀이 누구입니까?

예수그리스도이십니다.

사도요한은 처음부터 ‘예수 그리스도는 하나님이시다’고 선언하고 있는 것입니다.

맞습니까? 틀립니까?

맞는 말씀입니다.

그럼, 왜 복음이 흐릿해졌느냐? 입니다.

하나는 성경을 잘 몰라서입니다.

일반인들이나 타종교인들은 예수님은 훌륭한 분이시고 세계 4대 성인 중 한 사람으로만 알고 있습니다. 모르니까 문제입니다. “아는 것이 힘”인데 모르니 당연히 답답하고 설득할 방법이 없습니다. 그나마 기도와 전도를 통해서 예수님에 대해서 복음을 전하고 있는 것입니다.

또 다른 하나는 영적인 것인데 사탄, 마귀가 '예수님은 하나님이시다' 이 명제를 보지 못하게, 듣지 못하게 방해를 하고 있는 것입니다. 기껏해야 예수님이 하나님의 아들, 독생자, 성육신 등 이 정도입니다.

본문 말씀에는 예수 그리스도가 누구이시고 그 분이 왜 왔는가?를 세례요한의 증언을 통해서도 분명하게 말씀하고 있습니다.

말씀을 통해서 더욱 깨달아지고 분명해지며 확신 넘치시기 바랍니다.

1. 예수그리스도는 참 빛입니다.

'참 빛'은 진짜 빛이라는 말씀이죠.

요한일서 1장 5절에 "하나님은 빛이시다" 그러니까 하나님의 자녀들은 빛처럼 밝게 살아야 되고 빛의 자녀들이 되어야 한다는 말씀입니다.

하나님께서 창조하시기 전 세상은 어떠했습니까?

"땅이 혼돈하고 공허하며 흑암이 깊음 위에 있고 하나님의 영은 수면위에 운행하시니라"(창세기 1:2)

흑암과 공허가 깊음 위에 있었다는 것입니다. 어두움뿐입니다. 아무런 희망 없는 상태이죠.

이때 우리 하나님은 말씀하셨습니다.

"빛이 있으라"(창세기 1:3)

하나님께서 말씀하시니 빛이 있었고 하나님 보시기에 좋았으며 하나님이 빛과 어두움을 나누셨다고 말씀하셨습니다.

하나님이 '빛'이라고 하신 말씀은 은유적 표현으로 희망을 의미합니다.

빛은 어두움을 몰아내고 죄악을 몰아냅니다. 빛이 비추매 어두움이 사라지는 것입니다.

예수님을 '참 빛'이라고 하신 말씀은 '그가 하나님이시다'라는 말씀입니다.

"참 빛 곧 세상에 와서 각 사람에게 비추는 빛이 있었나니"(요한복음 1:9)

무슨 말씀입니까?

각 사람이 이 세상에 올 때, 출생할 때 로고스의 빛을 받아 하나님을 알 수 있는 지식을 가지고 태어났다는 것입니다.

사도요한은 분명하게 말합니다.

예수그리스도는 참 빛이시며 그로 말미암아 천지가 창조되었음을 증언해 주고 있습니다.

2. 그를 믿는 자에게 하나님의 자녀 되는 권세를 주셨으니

엄청난 은혜 아닙니까?

믿음이 먼저입니까? 지식이 먼저입니까?

성경은 믿음이 먼저라는 것입니다.

아브라함이 하나님이 부르실 때에 갈 바를 알지 못하고 떠났다고 했습니다.

예수님을 믿는 자들에게는 엄청난 은혜가 있는데 그 중에 제일이 뭐냐? 입니다.

하나님의 자녀가 되는 권세입니다.

요한복음 1장 12~13절입니다.

"영접하는 자 곧 그 이름을 믿는 자들에게는 하나님의 자녀가 되는 권세를 주셨으니 이는 혈통으로나 육정으로나 사람의 뜻으로 나지 아니하고 오직 하나님께로부터 난 자들이니라"

자녀의 권세는 종처럼 두려움으로 하나님을 섬기지 않고 하나님을 '아버지'라고 '아빠'라고 부르며 당당히 주님 앞에 나아간다는 것입니다.

누구입니까?

하나님이 내 아빠라는 사실입니다.

부모가 자녀의 우는 소리를 주의하여 듣는 이유는 그 울음소리에 아름다움이 있는 까닭이 아니고 자기 자녀이기 때문입니다. 또한 하나님의 자녀가 되는 권세는 종처럼 삯을 받고 일하는 자가 아니라 기업을 누릴 자입니다.

한마디로 주인입니다.

주인은 권세가 있고 주인의 권위가 있습니다. 그런데 하나님께서 그리스도를 믿고 영접하는 자에게 기업 누릴 자, 주인 되는 권세 주신다는 것입니다.

하나님의 자녀 되는 권세는 약속으로 구원을 받으며 소망을 구원받음을 믿어야겠습니다.

이 엄청난 은혜가 예수 안에 있고 예수님을 믿고 영접하는 자에게 있습니다.

'하나님의 자녀 되는 권세', '하나님의 권세', '예수님의 권세'입니다.

3. 아버지 품속에 독생하신 하나님

요한복음 1장 18절입니다.

"본래 하나님을 본 사람이 없으되 아버지 품속에 있는 독생하신 하나님이 나타내셨느니라"

예수그리스도를 정확하게 말씀하신 내용입니다.
예수님이 누구십니까?
하나님이시라는 것입니다.
아버지 품속에 있는 독생하신 하나님이 인간의 몸으로 입고 오셨는데 그분이 예수님이라는 말씀입니다.
요한복음 1장 17절에도 율법은 모세로 말미암아 주신 것이요 은혜와 진리는 예수 그리스도로 말미암아 온 것이라고 했는데 그 말씀은 하나님 아버지 자신이 예수그리스도로 말미암아 계시되었다는 것입니다.

삼위일체론은 하나님과 예수그리스도와 성령님이 인격적으로 각각 존재하고 이들이 동등한 지위로 하나의 신성을 이룹니다.
삼위일체론은 어느 특정 성경 구절에서 나온 것이 아니라 성경 전체에서 나온 개념입니다. 그래서 성경이 말하는 삼위일체는 신비의 영역이며 중요한 신앙, 신학입니다.
삼위는 아버지, 아들(예수그리스도), 성령이라는 말로 표현하며 일체는 하나의 몸임을 의미합니다. 바로 하나님은 성부, 성자, 성령의 모습이지만 세 분 모두 같은 신의 성품을 갖고 있다는 것입니다.

성자 예수그리스도는 완전한 하나님이십니다. 또한 성부 하나님도 완전한 하나님이십니다. 성령도 완전한 하나님이십니다. 그러나 하나님은 오직 한 분이십니다.

우리는 이 세상에서 우리의 제한된 경험과 지식을 가지고 삼위일체를 이해하기가 어렵습니다.

전도서에 인간의 이성적 한계성을 말씀합니다.

전도서 3장 11절입니다.

"하나님이 모든 것을 지으시되 때를 따라 아름답게 하셨고 또 사람들에게는 영원을 사모하는 마음을 주셨느니라 그러나 하나님이 하시는 일의 시종을 사람으로 측량할 수 없게 하셨도다"

분명한 사실은 예수그리스도 그 분이 하나님이시라는 것입니다.

복음은 예수께서 하나님의 아들 그리스도이심을 믿게 하고 그 이름을 힘입어 생명을 얻게 하는데 있습니다.

오늘도 이 시간에 전도의 현장에 나가 복음을 외칩니다.

"주 예수를 믿으라. 그리하면 너와 네 집이 구원을 받으리라"(사도행전 16:31)

이 말씀이 복음의 핵심이요 외침입니다.

그 예수님이 하나님이시고, 예수께로 돌아오는 것이 잃어버린 하나님의 형상을 회복하는 것입니다.

예수님은 아버지 품속에 있는 독생하신 하나님이십니다.

하나님의 자녀의 권세로 기쁨을 누리고 기업을 누리며 축복을 누리는 인생이 되시기 바랍니다.

예수그리스도의 이름으로

사도행전 4:5~12

　이튿날 관리들과 장로들과 서기관들이 예루살렘에 모였는데 대제사장 안나스와 가야바와 요한과 알렉산더와 및 대제사장의 문중이 다 참여하여 사도들을 가운데 세우고 묻되 너희가 무슨 권세와 누구의 이름으로 이 일을 행하였느냐 이에 베드로가 성령이 충만하여 이르되 백성의 관리들과 장로들아 만일 병자에게 행한 착한 일에 대하여 이 사람이 어떻게 구원을 받았느냐고 오늘 우리에게 질문한다면 너희와 모든 이스라엘 백성들은 알라 너희가 십자가에 못 박고 하나님이 죽은 자 가운데서 살리신 나사렛 예수 그리스도의 이름으로 이 사람이 건강하게 되어 너희 앞에 섰느니라 이 예수는 너희 건축자들의 버린 돌로서 집 모퉁이의 머릿돌이 되었느니라 다른 이로써는 구원을 받을 수 없나니 천하 사람 중에 구원을 받을 만한 다른 이름을 우리에게 주신 일이 없음이라 하였더라.

말에는 힘이 있습니다.

　아는 지인들의 대화나 혹은 목사님들 간의 대화를 하다보면 어느 순간 남을 흉보고 부정적인 말로 가득찰 때가 있습니다. 그럴 때마다 제 영혼은 곤고하고 힘이 빠지는 것을 느꼈습니다.

　그럴 때에 제가 한마디 던집니다.

　"목사님! 긍정적인 말을 하십시다"

"집사님! 긍정적으로 생각하십시오"

이렇게 말하면 금세 분위기가 역전되어 희망의 대화로 이어나가는 것을 볼 수가 있습니다.

말, 이름이 중요합니다.

사람이 태어나면서부터 제일 먼저 하는 일이 무엇입니까?

이름을 짓는 일입니다.

아마도 태어나기 전에 부모님이 미리 이름을 짓습니다.

그 이름대로 되고 그 이름값을 하라는 것입니다.

저희 첫째 딸 이름을 지을 때 '주영'이라고 지었습니다.

주님의 영광을 위해서 살고 주님의 영광을 드러나도록 큰일을 하라, 위대한 인생이 되라는 의미로 이름을 지었습니다.

이름대로 되라는 것입니다.

이름이 중요합니다.

여러분의 이름은 어떻습니까?

여러분들이 왜 공부하고 기도하고 열심히 돈 벌기 위해 노력하는 것입니까?

하나님의 영광을 위함이요 여러분의 이름의 가치를 이루기 위해서입니다.

인간의 이름도 그러할진대 예수님, 예수그리스도의 이름은 어떠합니까? 엄청납니다.

1. 이름값을 하라

저는 고등학교 다닐 때 한자 시간에 배운 4자 성어가 기억납니다.
"인사류명, 호사류피"
무슨 뜻입니까?
"사람은 죽어서 이름을 남기고 호랑이는 죽어서 가죽을 남긴다"는 뜻
입니다.
이름을 남기면 유명한 사람이죠.

인간역사에 이름을 남기는 것도 중요하지만 하나님 나라에 이름, 생
명책에 기록되는 것은 더 가치 있고 기쁜 일입니다.
복음을 전하고 전도하는 자에게는 반드시 생명책에 기록될 것입니
다. 그리고 하늘의 별과 같은 면류관을 받게 될 것입니다.

베드로와 요한은 복음을 전하다가 체포를 당해서 산헤드린공의회에
서 심문을 받고 있습니다.
사도들이 성령 받고 나가서 복음을 전할 때 수많은 사람들이 예수님
을 믿었습니다.
사도행전 4장 4절에 볼까요?

"말씀을 들은 사람 중에 믿는 자가 많으니 남자의 수가 약 오천이나 되었더라"

엄청난 부흥입니다.

2. 예수 그리스도의 이름에 권세가 있습니다.

참 놀라운 일이 생겼습니다.

사도행전 3장에 보면 베드로가 요한과 더불어 구시(오후 3시)에 성전에 기도하러 올라가다가 성전 미문에 구걸하는 앉은뱅이를 보았습니다.

베드로의 마음에 감동이 생겼습니다.

베드로가 '우리를 보라'

"은과 금은 내게 없거니와 내게 있는 이것을 네게 주노니 나사렛 예수 그리스도의 이름으로 일어나 걸으라"(사도행전 4:5)

베드로는 선포했습니다.

나면서 앉은뱅이 된 이 사람은 한 번도 일어난 적이 없습니다. 걷는 것이나 뛰는 것도 마찬가지입니다.

"나사렛 예수 그리스도의 이름으로 일어나 걸으라"

명령, 선포했을 때 발과 발목이 힘을 얻고 뛰어 서서 걸으며 하나님을 찬양했습니다.

그 얼마나 기뻐겠습니까?

이루 말할 수 없는 기쁨이 앉은뱅이에게 임한 것입니다.

예수님의 이름에 권세가 있습니다.

악행조차도 예수님의 이름을 부를 때 한길로 왔다가 일곱 길로 도망감을 확신하시기 바랍니다.

사도행전 16장 18절입니다.

"이같이 여러 날을 하는 지라 바울이 심히 괴로워하여 돌이켜 그 귀신에게 이르되 예수 그리스도의 이름으로 내가 네게 명하노니 그에게서 나오라 하니 하신이 즉시 나오니라"

3. 예수님의 이름으로 구원을 받습니다.

베드로와 제자들은 구원을 얻을 수 있는 유일한 이름은 예수그리스도의 이름 외에는 없다는 것입니다.
변함없는 진리입니다.
사랑하는 성도여러분!
아무리 이단이 판치고 세상에 여러 종교들이 있지만 우리 인생과 영혼의 구원은 오직 예수 그리스도이심을 기억하시기 바랍니다.
예수님께서 말씀하셨습니다.

"내가 곧 길이요 진리요 생명이니 나로 말미암지 않고는 아버지께로 올 자가 없느니라"(요한복음 14:6)

살벌한 산헤드린공의회에서 심문 받는 베드로나 요한의 담대함을 보시기 바랍니다.
예수님의 이름만이 유일한 구원의 길이라고 전파했습니다.
사도행전 4장 12절입니다.

"다른 이로서는 구원을 받을 수 없나니 천하사람 중에 구원을 받을만한 다른 이름을 우리에게 주신일이 없음이라 하였더라"

사랑하는 성도여러분!
이름값을 하고 있습니까?

이름값을 합시다.

예수그리스도의 이름에 권세가 있고 유일한 구원의 이름입니다.

그 말씀을 절대 의지하며 예수님의 이름으로 승리하는 인생이 되어야겠습니다.

하나님의 시간과 사람의 시간

창세기 1:1~8

태초에 하나님이 천지를 창조하시니라 땅이 혼돈하고 공허하며 흑암이 깊음 위에 있고 하나님의 영은 수면 위에 운행하시니라 하나님이 이르시되 빛이 있으라 하시니 빛이 있었고 빛이 하나님이 보시기에 좋았더라 하나님이 빛과 어둠을 나누사 하나님이 빛을 낮이라 부르시고 어둠을 밤이라 부르시니라 저녁이 되고 아침이 되니 이는 첫째 날이니라 하나님이 이르시되 물 가운데에 궁창이 있어 물과 물로 나뉘라 하시고 하나님이 궁창을 만드사 궁창 아래의 물과 궁창 위의 물로 나뉘게 하시니 그대로 되니라 하나님이 궁창을 하늘이라 부르시니라 저녁이 되고 아침이 되니 이는 둘째 날이니라.

성경학자들은 성경의 역사를 6000년 정도로 보고 있습니다.

이와 마찬가지로 사람의 역사, 인류의 역사도 6000년으로 보고 있는 것입니다.

아브라함의 출생연도를 B. C 2166년으로 보고 있으며 거슬러 올라가면 아담의 출생연도는 B. C 4114년으로 보고 있습니다.

노아의 홍수는 B. C 2458년에 일어나는데 노아가 600세에 홍수가 일어났고(창 9:9) 950세까지 살게됩니다. 그러니까 현재 인류의 역사는 6000년 전후로 보고 있습니다.

이것은 성경을 근거로 추적한 인류의 역사입니다.

그런데 문제는 학교에서 배우는 즉 세상에서 말하는 인류의 역사는 성경의 역사와는 매우 다르다는 것입니다.

세상의 역사는 창조론 보다는 찰스 다윈이 가설한 이론, 진화이론을 토대로 인류는 200만년 동안 오스트랄로피테쿠스에서 호모 사피엔스까지 진화가 되었다는 것입니다. 그 진화의 중심은 원숭이입니다. 그래서 그런지 몰라도 사람들 가운데는 원숭이처럼 생긴 사람도 간혹 있고 염색체 이상으로 발생하는 질환으로 다운증후군이 있는데 다운증후군의 대부분 사람들이 원숭이와 비슷한 모습을 하고 있습니다.

다운증후군은 정상인의 염색체가 2개의 쌍으로 이루어져 있는데 다운증후군은 21번 염색체가 3개입니다. 그래서 다운증후군을 21삼체성(trisomy 21)이라고 부릅니다. 영국 의사인 John Landon Down의 이름을 붙여 다운증후군이라고 합니다. 이런 염색체 이상으로 특징적인 외모와 정신지체로 나타납니다.

다운증후군은 현재 의료기술의 발달로 다운증후군 환자의 평균 수명이 현재 많이 늘어나 55세 이상 생존합니다.

인체의 세포 수는 46개로 1번부터 22번까지 22쌍의 상동 염색체와 XY(남자) 또는 XX(여자) 두 개의 성염색체로 이루어져 있습니다. 다운증후군은 21번 염색체가 3개 존재하는 것으로 그 원인이 있습니다.

어쨌든 진화이론에 원숭이가 진화되어 현 인류가 되었다는 것입니다.

25만 년 전 호모사피엔스가 등장하고 1만 년 전 크로마뇽의 동굴벽화들이 발견되었습니다. 그리고 기원전 8000년경 농경 생활을 시작하면서 인류의 역사가 갖추어지고 국가적인 형태로 발전되었다는 사실입니다.

이것은 세상이 보는 인류의 역사인데 그 이론적 토대는 진화론입니다.

지금 대부분 학생들이 학교에서 진화이론을 중심으로 배우고 있습니다.

그러다 보니까 크리스천 학생들에게 의문이 생겨납니다. 그리고 어떤 경우에는 혼란이 오기도 합니다.

성경은 진화론이 아닌 창조론 중심으로 말씀을 배우고 있기 때문입니다.

1. 하나님의 시간과 사람의 시간이 다르기 때문입니다.

성경학자들이 연구한 6000년 설은 인류의 역사를 추적해서 계산해 보니 그렇게 나왔다는 것입니다.

그런데 저는 말씀을 연구하면서 6000년이란 시간을 사람의 시간으로만 보는 것은 곤란하다는 것입니다.

베드로후서 3장 8절에 성경은 무엇이라 말씀합니까?

"사랑하는 자들아 주께는 하루가 천년 같고 천 년이 하루 같다는 이 한 가지를 잊지 말라"

무슨 말씀입니까?

하나님의 시간은 '영원'의 시간이기 때문에 사람들이 계산하는 이성적이고 합리적인 시간을 초월한다는 것입니다.

쉽게 말하면 사람들이 느끼고 흘러간 세월은 1000년이 지났는데 하나님께는 그 천 년의 하루 같다는 것입니다. 그러니까 일반역사에서 말하는 4만년이니 25만년이니 할지라도 성경의 말씀이 틀림이 없다는 사실입니다.

창세기 1장은 하나님께서 6일 동안 천지만물을 말씀으로 창조하셨는데 하나님께서는 "하루가 천년 같다는 것이" 사람들이 그렇게 느낄 수도 있다는 말씀입니다.

사랑하는 성도 여러분!

하나님이 지으신 이 우주가 얼마나 광대합니까?

2. 창조론인가? 진화론인가?

찰스 다윈이 발표한 '진화론'은 하나의 이론이요 가설입니다.

무슨 말씀입니까?

사실이 아니라는 말씀입니다.

과학자들은 자신이 연구한 성과물들을 완성해 나갈 때 하나의 이론이나 가설을 세우고 검증, 실험이나 관찰, 과정을 통해 검증해 나갑니다. 그래서 수많은 실패와 오류, 시행착오를 겪기도 합니다.

예를 들어 토머스 에디슨이 전구발명을 했습니다.

1878년부터 시작했습니다. 초기에 백열전구를 불과 5~6초 밖에 켜지지 못하고 꺼졌습니다. 그리고 무려 770번의 실험을 통해 1879년 10월 21일 밤 무명실을 태워 만든 필라멘트로 백열전구를 발명하게 됩니다.

찰스 다윈도 나중에 후회했지만 진화론은 하나의 가설입니다.

문제는 일반사회와 과학계에서 그것을 검증 없이 받아들여 오늘날까지 성경에 반하는, 하나님께 반대하는 인류의 역사가 되고 말았습니다.

진짜는 창조론입니다.

그 내용은 성경이 오늘 우리에게 말씀해 주고 있습니다.

3. 왜 창조하셨나?

하나님은 천지만물을 창조하실 때 하나님이 보시기에 아름답고 좋았다고 감탄하시고 있습니다.

동양사상에 성악설이 있고 성선설이 있습니다.

맹자는 사람은 태어날 때 타고난 본성이 선하기에 성선설을 주장했습니다. 반면 중국의 유학자 순자는 성악설을 주장하는데 그 이유는 사람이 타고난 본성이 악하다는 것입니다. 그런 것 보면 성경의 초기 내용은 성선설입니다.

"하나님이 보시기에 좋았더라"(창세기 1:31)

하나님께서 인류에게 영생을 주셨고 만물을 다스리는 권세를 주셨습니다. 영원한 생명 에덴동산입니다.

그런데 아담과 하와의 범죄로 영생을 잃어버리고 말았습니다.

하나님은 말씀으로 창조하시고 만족하셨습니다. 피조물과 만물을 통해 하나님은 영광을 받으시기를 기뻐하십니다.

여러분의 인생의 목표와 목적은 무엇입니까?

돈입니까? 권력입니까?

"그런즉 너희가 먹든지 마시든지 무엇을 하든지 다 하나님의 영광을 위하여 하라"(고린도전서 10:31)

하나님을 영화롭게 하는 것이 인생의 큰 기쁨인 것을 깨달으시기를 바랍니다.

불퇴전의 신앙

잠언 24:16

대저 의인은 일곱 번 넘어질지라도 다시 일어나려니와 악인은 재앙으로 말미암아 엎드러지느니라.

다니엘 3:8~18

그 때에 어떤 갈대아 사람들이 나아와 유다 사람들을 참소하니라 그들이 느부갓네살 왕에게 이르되 왕이여 만수무강 하옵소서 왕이여 왕이 명령을 내리사 모든 사람이 나팔과 피리와 수금과 삼현금과 양금과 생황과 및 모든 악기 소리를 듣거든 엎드려 금 신상에게 절할 것이라 누구든지 엎드려 절하지 아니하는 자는 맹렬히 타는 풀무불 가운데에 던져 넣음을 당하리라 하지 아니하셨나이까 이제 몇 유다 사람 사드락과 메삭과 아벳느고는 왕이 세워 바벨론 지방을 다스리게 하신 자이거늘 왕이여 이 사람들이 왕을 높이지 아니하며 왕의 신들을 섬기지 아니하며 왕이 세우신 금 신상에게 절하지 아니하나이다. 느부갓네살 왕이 노하고 분하여 사드락과 메삭과 아벳느고를 끌어오라 말하매 드디어 그 사람들을 왕의 앞으로 끌어온지라 느부갓네살이 그들에게 물어 이르되 사드락, 메삭, 아벳느고야 너희가 내 신을 섬기지 아니하며 내가 세운 금 신상에게 절하지 아니한다 하니 사실이냐 이제라도 너희가 준비하였다가 나팔과 피리와 수금과 삼현금과 양금과 생황과 및 모든 악기 소리를 들을 때에 내가 만든 신상 앞에 엎드려 절하면 좋거니와 너희가 만일 절하지 아니하면 즉시 너희를 맹렬히 타는 풀무불 가운데에 던져 넣을 것이니 능히 너희를 내 손에서 건져낼 신이 누구이겠느냐 하니 사드락과 메삭과 아벳느고가 왕에게 대답하여 이르되 느부갓네살이여 우리가 이 일에 대하여 왕에게 대답할 필요가 없나이다. 왕이여 우리가 섬기는 하나님이 계시다면 우리를 맹렬히 타는 풀무불 가운데에서 능히 건져내시겠고 왕의 손에서도 건져내시리이다 그렇게 하지 아니하실지라도 왕이여 우리가 왕의 신들을 섬기지도 아니하고 왕이 세우신 금 신상에게 절하지도 아니할 줄을 아옵소서.

인류역사상 악한 왕이나 악한 군주들이 있습니다.

제 1, 2차 세계 대전을 일으킨 나치 히틀러입니다.

그는 게르만 민족의 우수성을 내세우며 유태인들 600만 명을 죽였습니다. 엄청난 악인입니다. 살인자입니다.

소련의 스탈린은 2000만명의 사람을 죽였고, 중국의 모택동도 3500만명의 사람을 죽였습니다.

북한의 김일성은 남침으로 300만명, 기아와 굶주림으로 300만명 총 600만명을 사망케 하였습니다.

초대 신약시대에는 로마의 네로황제가 본인 스스로 로마시를 방화해놓고, 기독교인들에게 뒤집어 씌워 많은 기독교인들이 순교를 했습니다.

이 때 그 유명한 사도 베드로와 바울이 순교를 당했습니다. 물론 예수님의 제자들이 이 때 많이 순교를 당했습니다.

거슬러 올라가면 오늘 성경에 나옵니다만 바벨론 제국의 왕인 느부갓네살 왕이 악한 왕입니다.

바벨론 제국은 오늘날 이라크 나라와 원조 조상인데, 느부갓네살 왕 때 최고 전성기였습니다. 무소불위의 권력을 가지고 있었습니다.

'무소불위'란 무엇입니까?

'못할 일이 없이 다하는 것','하지 못하는 것이 없는 상태'를 말합니다.

정치적으로 독재의 정점은 '무소불위' 권력을 가질 때 그 권력자의 나라는 비로소 망하게 됩니다.

바벨론의 느부갓네살 왕은 교만이 최고조에 달했습니다.
'소위 무소불위의 권력'을 가지게 된 것입니다.
성경에 하나님께서 교만한 자를 어떻게 한다 했습니까?
야고보서 4장 6절 입니다.

"하나님이 교만한자를 물리치시고 겸손한 자에게 은혜를 주신다 하였느니라"

후에 느부갓네살 왕은 미친 사람(광인)이 되어 들짐승과 같이 지내는 불행한 사람이 됨을 기억하시기 바랍니다.

느부갓네살 왕은 자기의 권력을 더욱 공고히 하여 금 신상을 세우게 합니다.
높이 60규빗이니까 30m 정도 됩니다. 너비는 여섯 규빗이니까 3m 정도 됩니다.
높이가 30m 정도 되고 가로는 3m 정도 되니까 아파트 12층 되는 어마어마한 높이의 신상입니다. 그 금신상은 나무로 만들고 겉에 금박이를 붙인 금 신상인 것입니다.

문제는 이 금신상을 바벨론 지방 두라 평지에 세워놓고 바벨론이 지배하는 모든 관리들 총독, 수령, 행정관, 모사, 재무관, 재판관, 법률사, 각 지방 모든 관원- 낙성식에 참여하고 그 앞에 절하라는 것입니다.
만약 그렇지 않게 할 때에는 절하지 아니하는 자는 즉시 맹렬히 타는 풀무 불이 던져 넣겠다는 것입니다. 그러니까 관리뿐만 아니라 모든 민족과 국민들이 나팔과 피리와 수금과 심현금과 앙금 및 모든 악기 소리가 들리면 그 앞에 그 금신상 앞에 절하라는 말씀입니다.

이 때 유대인 사람으로 바벨론 지방을 다스리는 관리 중에 사드락과 메삭과 아베느고는 여호와 하나님 신앙을 가졌기에 금 신상 앞에 절하는 것은 우상 숭배이므로 그 금신상 앞에 절하지 아니하였습니다. 그렇지 않아도 그들을 시기하던 어떤 갈대아 인들이 다니엘 세 친구들을 참소, 고발하게 된 것입니다.

고발자 위기의 처해서 7배나 뜨거운 풀무불에 들어간 이야기가 오늘의 주된 내용입니다.

1. 하나님께서 반드시 건져 주실 줄을 믿었다.

하나님은 살아계신 하나님이십니다.

하나님은 우리가 전심으로 기도하면 응답주시고 어려움 당할 때에 피할 것을 주시며 그것을 이길 수 있는 능력 주심을 믿으시기 바랍니다.

다니엘의 세친구 사드락과 메삭과 아베느고는 신실한 하나님을 믿는 종들이었기에 하나님 외에 다른 신을 섬기는 것은 물론이요 우상 숭배하는 것은 받아들일 수 없었습니다. 그 일로 죽는다 할지라도 말입니다.

불퇴전의 신앙은 하나님의 신앙 앞에 뒤로 물러서지 않은 신앙입니다.

하나님의 신앙 앞에 절대 타협하지 않는 신앙입니다.

어떤 갈대아 사람들의 고소로 이 세친구들이 절하지 않는다는 이유로 느부갓네살 왕 앞에 끌려가게 되었습니다.

왕도 분노하였고 그가 무소불위의 권력을 가졌기에 왕권에 대한 도전이라고 생각하고 심문을 하게 됩니다.

느부갓네살은 사드락, 메삭, 아베느고를 회유하기도 하고 절하지 않는다면 풀무불 사형을 시키겠다는 말씀입니다.

그 세친구들은 단호했습니다.

왕이 회유하고, 위험, 협박에도 단호했습니다.

그 일이라면 왕에게 대답할 필요가 없습니다. 그리고 하나님께서 살아계신 하나님께서 구원해 주실 것을 확신했습니다.

다니엘서 3장 16~17절 함께 천천히 읽습니다.

"사드락과 메삭과 아베느고가 왕에게 대답하여 이르되 느부갓네살이여 우리가 이 일에 대하여 왕에게 대답할 필요가 없나이다. 왕이여 우리가 섬기는 하나님이 계시다면 우리를 맹렬히 타는 풀무 가운데에서 능히 건져 내시겠고 왕의 손에서도 건져내시리이다"

불퇴전의 신앙은 하나님께서 나를 반드시 건져내시고 내 길을 예비하시며 축복해 주심을 믿는 신앙, 이 믿음에 확신하시기를 바랍니다.

2. 그렇게 하지 아니하실지라도

옛날 개역 성경에는 '그리 아니하실지라도' 입니다.

복음 찬양도 있죠.

무슨 말씀입니까?

하나님께서 반드시 우리를 풀무 불 가운데서 건져 주시겠지만 만약 구해주지 않는다 할지라도 우리는 하나님을 배반, 배도할 수 없다는 말씀입니다.

이 얼마나 멋진 믿음입니까!

하나님은 어떤 사람을 사랑하십니까?

'그리 아니하실지라도' 신앙을 가진 사람입니다.

이런 사람이 일꾼이요 충성된 하나님의 증인이요 환난 날에 믿음을 지키는 사람들입니다.

'그리 아니하실지라도'의 신앙이 없으면 기분 내면 교회 나오고 정서 변화에 따라 캐톨릭이나 이방종교로 가기도 하고 허전한 신앙이 되기도 합니다.

하나님은 '그렇게 하지 아니하실지라도'의 신앙을 사랑하심을 믿으시기를 바랍니다.

3. 굳건한 신앙 지킬 때에 하나님이 아주 높여 주십니다.

사드락, 메삭, 아베느고의 신앙 고백에 느부갓네살은 당장 명령을 내립니다.

"그 풀무불을 뜨겁게 하기를 평소보다 칠배나 뜨겁게 하라."(다니엘 3:19)

용사 몇 사람을 시켜 그들을 결박하고 풀무불에 던지게 됩니다.

얼마나 뜨거운지 세친구를 결박하여 붙든 사람이 불에 태워 죽었다고 했습니다.

문제는 이걸로 끝나는 줄 알았습니다.

느부갓네살 왕이 가만히 보니 풀무불에 들어간 사드락, 메삭, 아베느고가 불타 죽지 않았고 그 세 명 뿐만아니라 네 사람이 불 가운데로 지나 다니고 있는 것입니다.

고대 주석가들 중 특히 크리소스톰은 네 번째 사람을 이분이 '그리스도'를 의미한다고 보았고 존 칼빈은 이것이 '천사'를 의미한다고 보았습니다.

그들은 불에 타 죽지도 않았고 그을리지도 않았습니다.

하나님의 은혜이요 하나님의 기적입니다.

느부갓네살 왕은 이 사건으로 인해 하나님을 찬양하고, 유대인의 신앙 종교를 인정하고 하나님의 구원의 능력을 찬양 한 것을 믿으시기를 바랍니다.

하나님은 불퇴전의 신앙을 가진 그들에게 살길을 주시고 하나님의 이적을 보여 주실 뿐만 아니라 그들을 높이 사용, 쓰임 받게 하심을 믿으시기 바랍니다.

다니엘서 3장 29~30절 함께 읽습니다.

"그러므로 내가 이제 조서를 내리노니 각 백성과 각 나라와 각 언어를 말하는 자가 모두 사드락과 메삭과 아베느고의 하나님께 경솔히 말하기를 그 몸을 쪼개고 그 집을 거름터로 삼을지니 이는 이 같이 사람을 구원할 다른 신이 없음이니라 하더라. 또 드디어 사드락과 메삭과 아베느고를 바벨론 지방에서 더욱 높이리라"

불퇴전의 신앙으로 하나님을 경외하고 겸손하십시다.

하나님 나라의 충성된 일꾼으로 인정 받으며, 하나님의 놀라운 기쁨과 축복을 누리시기 바랍니다.

산을 옮기는 믿음

마가복음 11:22~24

예수께서 그들에게 대답하여 이르시되 하나님을 믿으라 내가 진실로 너희에게 이르노니 누구든지 이 산더러 들리어 바다에 던져지라 하며 그 말하는 것이 이루어질 줄 믿고 마음에 의심하지 아니하면 그대로 되리라 그러므로 내가 너희에게 말하노니 무엇이든지 기도하고 구하는 것은 받은 줄로 믿으라 그리하면 너희에게 그대로 되리라.

말이 중요하고 생각이 중요합니다.

다시 말하면 여러분의 인생에 지금 어려움이 있습니까?

인생의 답답함이 있습니까? 아니면 내 생각대로 인생이 잘 풀리지 않습니까?

그럴 때마다 굳건한 믿음으로 나아갈 때에 반드시 길이 있고 그 믿음으로 산을 옮길 수 있음을 믿으시기 바랍니다.

예수님의 말씀하신 본문의 내용은 베드로가 무화과나무가 뿌리째 말라 죽은 것을 발견하고 예수님께 발견한 내용을 보고하고 있는 것입니다.

"보소서 저주하신 무화과나무가 말랐나이다."(마가복음 11:21)

이 놀랄만한 일이 아닙니까?

예수님께서 마지막 사명을 이루시기 위해 예루살렘에 입성하셨습니다.

그 다음날 베다니에서 시장하셨는데 잎사귀는 무성하나 열매 없는 무화과나무를 저주했습니다.

상징적인 의미입니다.

외식에 대한 경고입니다.

열매는 없으면서 열매가 있는 듯이 모양을 나타냅니다.

하나 예를 들면 기도를 잘하고 기도의 열심은 하나님께 보이는 데에, 잘 보이는 것이 진짜입니다. 그런데 사람에게 잘 보이려고 사람들이 많이 모여 있는데서 길 어귀에 서서 기도한다든지 하는 것은 외식이라는 말씀입니다.

외식의 문제는 무엇입니까?

하나님보다는 사람에게 인정받고 칭찬 받으려는 마음이 문제라는 것입니다.

그 당시 바리새인, 대제사장, 서기관 다 그 무리들입니다.

예수님께서 무화과나무가 미워서 저주한 것이 아니라 외식하는 유대인들을 책망하기 위해서입니다.

시간적으로 본다면 하루 사이에 그 저주하신 무화과나무가 뿌리로부터 말라 죽어 있는 것입니다.

그 말을 듣고 예수님께서 말씀하신 믿음의 선언입니다.

"예수께서 그들에게 대답하여 이르시되 하나님을 믿으라 내가 진실로 너희에게 말하노니 누구든지 이 산더러 들리어 바다에 던져지라 하며 그 말하는 것이 이루어질 것을 믿고 마음에 의심하지 아니하면 그대로 되리라"(마가복음 11:22 ~23)

1. 하나님을 믿는 백성에게 기적이 일어납니다.

그 조건은 하나님을 믿어야 한다는 것입니다.

전능하신 하나님, 영원하신 그 하나님을 믿을 때에 기적이 일어나고 산을 옮길 수 있다는 것입니다.

믿음은 4차원의 세계이며 초자연적 역사와 기적이 일어나는 세계입니다.

그런데 예수님은 태산같은 믿음이면 좋겠지만 겨자씨만한 믿음이라도 산을 옮길 수 있다는 것입니다.

하나님을 믿는 믿음이 있어야 하되 작은 믿음이라도 산을 옮길 수 있다는 말씀입니다.

하나의 사례가 있습니다.

어떤 장로님의 간증입니다.

이 장로님이 제법 큰 사업을 하다가 부도가 나서 사업체가 무너지는 시련을 맞이하게 되었습니다.

사업이 망하니까 그렇게 찾아오던 사람들의 발걸음이 뚝 끊겼고 친지들의 방문도 뚝 끊겼습니다.

이 장로님은 좌절함과 배신감을 안고 기도원에 들어가 금식기도를 했는데 이 전에는 느낄 수 없었던 엄청난 은혜를 받고 내려와 다시 사업을 재개했습니다.

그 사업이 크게 일어났습니다. 축복을 엄청 받은 것입니다.

이 장로님이 이렇게 고백했습니다.

"고난을 받고 크게 깨달은 것이 있습니다. 세상과 사람들로부터 멀어지면 하나님과 가까워진다는 섭리였습니다."

장로님의 간증은 다만 하나님께 매달렸더니 그 사업을 재개하고 큰 축복을 이루었다는 것입니다.

기적이 아닙니까?

보통 큰 사업체가 무너지면 일어나기가 쉽지 않습니다.

사업뿐만 아니라 목회도 그렇구요. 인생도 마찬가지입니다.

무너지고 다시 재기하지 못한 인생들을 여러 번 보았습니다.

그래서 하나님을 믿으라, 하나님을 가까이 하라 그때에 하나님의 기적이 일어남을 믿으시기 바랍니다.

이것이 비결입니다.

렘 33장 22~23절 함께 읽습니다.

"일을 행하시는 여호와, 그것을 만들며 성취하시는 여호와, 그의 이름을 여호와라 하시는 이가 이르시도다 너는 내게 부르짖으라 내가 네게 응답하겠고 네가 알지 못하는 크고 비밀한 일을 네게 보이리라."

2. 말을 하되 긍정적 말을 하라.

안된다고 생각하는 사람은 죽어도 안됩니다. 이미 생각과 마음이 부정적입니다. 거기에서는 아무 기적이 일어날 수 없습니다.

말도 마찬가지입니다.

안된다고 말하는 사람은 안됩니다. 절대 안됩니다.

예수님께서 뭐라고 말씀하셨습니까?

"누구든지 이산더러 들리어 바다에 던져지라 하며 그 말하는 것이 이루어질 줄 믿고 마음에 의심하지 아니하면 그대로 되리라."(마가복음 11:23)

산이 옮길 줄 믿고 마음에 의심하지 아니하면 그대로 된다는 말씀입니다.

복음서(마태, 마가, 누가, 요한)를 연구해보면 예수님께서 무슨 말씀을 하셨고 어떤 교훈을 주셨으며 예수님의 말씀 의도를 발견하고 깨달을 수 있습니다.

예수님은 사람을 저주하지 말라고 하셨습니다.

단 한 가지 예외의 사람은 성령을 모독하고 훼방한 사람입니다.

그들은 예수님께서 메시야 사역을 음해하고 방해한 사람들입니다.

교회 안에서도 하나님의 하시는 일을 방해하거나 성령을 훼방하는 일을 해서는 안된다는 것입니다.

사람들을 축복하고 칭찬해주고 장점들을 말해주고 빈말이라도 긍정의 말을 하라는 것입니다.

이 긍정적 언어, 긍정적 말에 기적이 일어나고 산을 옮길 수 있습니다.

3. 그 구하는 것을 이미 받은 줄로 믿으라

구하고 기도할 때 산을 옮길 수 있습니다.

우리가 반드시 기억할 것은 그 받은 줄로 믿는 목적들은 반드시 성령으로 말미암아 하나님의 말씀에 합당하게 구하는 것이어야 합니다.

예를 들면 나치 히틀러의 야욕이나 독재를 하기 위해서 사람들을 죽이고 불행에 빠뜨리는 것 이것은 모두다 하나님의 뜻이 아닙니다. 마귀의 일이요 악한 일입니다.

기도의 목표와 목적은 선하고 의로운 것이 되어야 합니다.

마가복음 11장 24절 천천히 읽습니다.

"그러므로 내가 너희에게 말하노니 무엇이든지 기도하고 구하는 것은 받은 줄로 믿으라 그리하면 너희에게 그대로 되리라."

가을이 지나고 추운 계절이 오면 나무들의 잎이 다 떨어지고 마치 얼어 죽은 것 같습니다.

그런데 봄이 되면 어떻습니까?

언제 그랬냐는 듯이 새싹이 돋고 풍성한 나무로 성장하는 것을 볼 수가 있습니다.

왜 그렇습니까?

나무에 생명이 있기 때문에 죽은 것 같으나 살아있고 생명이 있는 것을 볼 수가 있습니다.

기도의 응답도 마찬가지입니다.

예수님은 무엇이든지 기도하고 구하는 것은 받을 줄이 아니라 받은 줄로 믿으라 말씀하셨습니다.

왜요?

기도에 생명에 있기 때문에 이미 응답을 받았다는 것입니다.

하나님을 믿어야 하되 작은 믿음으로도 산을 옮길 수 있습니다.

말을 하되 긍정의 말이 산을 옮길 수 있습니다.

구하되 기도의 강력함이 산을 옮길 수 있습니다.

산을 옮김으로 여러분의 인생에 기쁨과 축복, 성령 충만한 삶이 되시기를 바랍니다.

긍정적인 말의 힘

야고보서 3:1~12

내 형제들아 너희는 선생된 우리가 더 큰 심판을 받을 줄 알고 선생이 많이
되지 말라 우리가 다 실수가 많으니 만일 말에 실수가 없는 자라면 곧 온전한
사람이라 능히 온 몸도 굴레 씌우리라 우리가 말들의 입에 재갈 물리는 것은
우리에게 순종하게 하려고 그 온 몸을 제어하는 것이라 또 배를 보라 그렇게
크고 광풍에 밀려가는 것들을 지극히 작은 키로써 사공의 뜻대로 운행하나니
이와 같이 혀도 작은 지체로되 큰 것을 자랑하도다 보라 얼마나 작은 불이 얼
마나 많은 나무를 태우는가 혀는 곧 불이요 불의의 세계라 혀는 우리 지체 중
에서 온 몸을 더럽히고 삶의 수레바퀴를 불사르나니 그 사르는 것이 지옥 불에
서 나느니라 여러 종류의 짐승과 새와 벌레와 바다의 생물은 다 사람이 길들일
수 있고 길들여 왔거니와 혀는 능히 길들일 사람이 없나니 쉬지 아니하는 악이
요 죽이는 독이 가득한 것이라 이것으로 우리가 주 아버지를 찬송하고 또 이것
으로 하나님의 형상대로 지음을 받은 사람을 저주하나니 한 입에서 찬송과 저
주가 나오는도다 내 형제들아 이것이 마땅하지 아니하니라 샘이 한 구멍으로
어찌 단 물과 쓴 물을 내겠느냐 내 형제들아 어찌 무화과나무가 감람 열매를,
포도나무가 무화과를 맺겠느냐 이와 같이 짠 물이 단 물을 내지 못하느니라.

여러분들은 성향상 긍정적인 말을 많이 하신 편이십니까?

아니면 부정적인 말을 많이 하시는 편입니까?

잠시 생각해 보시기 바랍니다.

우리가 한 주간 살아가면서 많이 하는 행동 중에 하나가 '말'입니다.

대화가 되었든 상담이 되었든 가르치든 우리는 수 없이 인생을 살아가면서 수많은 말을 쏟아냅니다. 그래서인지는 몰라도 '말'을 쉽게 생각해 버리는 경향이 있습니다.

'말'과 관련해서는 수많은 속담도 있고 사자성어도 있습니다.

어떤 유형의 사람은 말이 너무 없는 사람도 있습니다.

말에 실수할까봐서 말 수가 적을 수도 있고 말에 자신이 없어서 말이 없는 사람도 있고 성격상 내성적이고 말 수가 없어 말이 없는 사람도 있습니다. 말이 없다고 해서 꼭 좋은 것만은 아니라는 사실입니다.

"한마디 말이 천 냥 빚을 갚는다"는 말이 있습니다.

한마디 말의 중요성을 말하고 있습니다.

한마디의 말이 축복이 될 수도 있고 한마디의 말이 저주가 될 수도 있습니다.

한마디의 말로 인생의 성공을 맛볼 수도 있고 한마디의 말로 인해 인생의 실패를 겪을 수도 있습니다.

어느 권사님의 아내가 부정적인 말을 들어서 시험이 들었습니다.

그런데 그 부정적인 한 마디의 말이 10년이 지나가는데도 치유가 되지 않습니다.

그 말을 하는 사람은 별 생각 없이 분노해서 했거나 혹은 아무 생각 없이 뱉었던 그 말이 당사자에게는 가슴에 꽂혀서 상처로 남게 되는 것입니다.

사도바울은 에베소서 4장 29절의 말씀을 통해 말의 중요성을 다시 한 번 교훈해 주고 있습니다.

에베소서 4장 29절입니다.

"무릇 더러운 말은 너희 입 밖에 내지 말고 오직 덕을 세우는데 소용되는 대로 선한 말을 하며 듣는 자들에게 은혜를 끼치게 하라"

1. 말이 길들여지지 않는다.

주의 동생 야고보는 권면하기를 많이 선생이 되지 말라고 권면하고 있습니다.

그 이유는 그는 많은 교훈을 맡았으므로 책임이 중요한 까닭이고 그는 야망과 외식으로 범하는 죄가 많은 까닭이요 다른 사람들로 하여금 죄에 빠지게 하기 쉬운 까닭이라는 말씀입니다.

그러니까 많이 선생이 되지 말라는 말씀은 선생의 일을 바로 하지 못할 바에는 선생을 하지 않는 것이 낫다는 것입니다.

여러분은 어떻습니까?

지금까지 살아오면서 수많은 선생님을 만나 교육을 받아왔는데 그 중에는 내 인생에 긍정적인 영향을 끼친 좋은 선생님도 있을 것입니다. 반면에 그렇지 못한 선생님들도 있습니다.

선생님들이 말을 많이 하기 때문에 조심하고 조심하라는 경고의 말씀입니다.

그래서 야고보는 말하기를 말에 실수가 없는 자가 온전한 사람이다 선언할 정도입니다.

문제는 우리의 말이, 우리의 혀가 이렇게 중요할진대 잘 길들여지지 않는데 문제가 있습니다.

그래서 야고보는 몇 가지 사례를 들어 쉽게 설명하고 있습니다.

동물 중에 말은 비교적 제재하기 어려운 짐승입니다.

제 멋대로 입니다. 그러나 작은 재갈을 그 입에 물게 하면 그 행동을 견제할 수 있고 그 가는 길의 방향을 지도 할 수 있습니다.

재갈은 말을 다루기 위해 말의 입에 가로로 물리는 쇠로된 물건입니다.

동물의 말은 그 작은 재갈로 인해 길들여지지 않았던 행동이나 습관이 길들여집니다.

'어, 허' 하며 말의 고비를 잡아 당기면 멈춥니다. '가자'하고 채찍을 가하면 달립니다.

말은 그 재갈로 인해 통제 되어지고 길들여집니다.

그런데 사람의 혀는 길들여 않는 데에 문제가 있다는 것입니다.

사람들이 모여서 수다를 떱니다.

스트레스를 풀기 위한 긍정적 면도 있지만 그 수다들이 어떨 땐 잘 절제가 되지 않습니다.

함부로 말하게 됩니다. 함부로 말한 말들이 어떤 경우에는 문제가 되곤 합니다.

2. 한마디의 말이 위대하다.

한마디의 말이 정말 위대합니다.

혀가 얼마나 위대한지 야고보서 3장 4~5절에 말씀하고 있습니다.

"또 배를 보라 그렇게 크고 광풍에 밀려가는 것들을 지극히 작은 키로써 사공의 뜻대로 운행하나니 이와 같이 혀도 작은 지체로되 큰 것을 자랑하도다. 보라 얼마나 작은 불이 얼마나 많은 나무를 태우는가."

제 삶에 좋은 영향력을 주신 선생님이 계시는데 초등학교 6학년 때의 홍성진선생님이십니다.

선생님은 어릴 때 '너는 될 수 있어!'. '너는 잘 될거야!' 칭찬과 긍정적인 말을 해주셨습니다.

그 선생님의 한마디의 말이 저의 인생에 좋은 영향력을 주셨습니다.

'너는 잘 될 줄 알았어.'

'너는 된다.'

긍정적인 말 한마디의 위대성입니다.

옆에 분과 인사하십시다.

"주안에서 당신은 축복을 받을 것입니다."

"주안에서 당신은 잘 될 것입니다."

언젠가 TV뉴스에 한 범죄자가 잡혀서 나와 이렇게 이야기 하는 것을 보았습니다.

기자들이 묻기를 '왜 죽이셨습니까?'

그 범죄자는 말하기를 '나를 무시해서 범행했다.'는 것입니다.

물론 무시했다고 해서 그 범행이 정당화 될 수 없습니다.

그런데 믿는 성도들은 예수님 말씀처럼 원수를 사랑하고 은혜 끼치는 말을 해야 하며 긍정적인 말을 해야 합니다.

왜요?

그 한마디의 말이 그 인생에 달려 있기 때문입니다.

혀가 길들여지지 않아서 그 혀가 불이요 쉬지 아니하는 악이요 죽어는 독이라 했습니다.

그 만큼 말 한마디가 중요하다는 말씀입니다.

광풍에 밀려가는 거대한 배를 작은 키로 조종하고 작은 불이 온천하의 나무, 산을 불 태울 정도이니 사람의 몸에 아주 작은 지체인 그 혀가 그 인생을 운행한다는 말씀입니다.

그러니까 그 혀, 그 말이 아주 작은 것이지만 인생에 거대한 역할을 하고 있는 것입니다.

악한 혀는 어떻습니까?

사람의 온 몸만 더럽힐 뿐만 아니라 그의 일평생을 망하게 만드는 위험성이 있습니다.

3. 이기는 비결은 긍정적인 말의 한마디입니다.

의도적이라도 아니 무의식적이라도 내 입에 나오는 말들이 긍정적 말이 되도록 습관화되어야 합니다.

인생을 살면서 우리를 힘들게 한 사람들도 있지 않습니까?

축복하며 기도해야 합니다. 그러면 하나님께서 마음에 평안함과 기쁨을 주실 것입니다.

기쁨이 충만하시기를 기대하십니까?

행복이 충만하시기를 기대하십니까?

축복이 넘치기를 기대하십니까?

작은 혀로되 사람들에게 은혜 끼치는 말, 축복의 말, 긍정적인 말을 해야 합니다.

야고보서 3장 10절입니다.

"한 입에서 찬송과 저주가 나오는 도다. 내 형제들아 이것이 마땅치 아니 하리라."

무슨 말씀입니까?

인간을 저주한 입술로 하나님을 찬송한다는 것은 어불성설, 말이 안 된다는 말씀입니다.

사람은 하나님의 형상으로 지음을 받았기 때문에 귀한 존재입니다.

그래서 저주하면 안됩니다.

부정적인 말로 상처를 주어서도 안됩니다.

한마디의 말이 위대한 것과 같이 긍정적인 한 마디의 말이 축복의 인생으로 변화될 수 있음을 기억하시기 바랍니다.

시험(환란)을 이기는 방법

야고보서 1:2~4

내 형제들아 너희가 여러 가지 시험을 당하거든 온전히 기쁘게 여기라 이는 너희 믿음의 시련이 인내를 만들어 내는 줄 너희가 앎이라 인내를 온전히 이루라 이는 너희로 온전하고 구비하여 조금도 부족함이 없게 하려 함이라.

야고보서는 주의 형제 야고보가 기록했는데 예수님을 믿고 구원 받은 하나님의 백성들이 이 세상을 어떻게 살아가야 할 것인가를 제시해 주고 있습니다.

비록 다른 복음서에 비해서는 분량이 적지만 야고보서 5장의 말씀들은 보화와 같은 말씀입니다.

온전한 믿음이 어떤 믿음인가? 에 대해 행함 있는 믿음이 온전한 믿음임을 권면하고 있습니다.

본문 말씀은 시험이 왔을 때 어떻게 대처하며 어떻게 이길 것인가를 말씀해 주고 있습니다.

야고보서 1장 1절에 흩어져 있는 열두제자는 세계에 흩어져 있는 유대인 그리스도인 신자들을 의미합니다.

1. 기쁨으로 이겨라

환난이나 고난이 왔는데 기쁨으로 대할 수 있습니까?

쉽지 않습니다.

예를 들어 자녀가 대학을 졸업하고 자기가 들어가고자 하는 회사에 취업이 되지 않았다면 얼마나 실망이 큽니까?

공무원이나 직장생활 하면서 승진이나 진급 시험에 떨어진다면 그 얼마나 마음이 상심이 크겠습니까?

그런데 주의 형제 야고보는 말하기를 "내 형제들아 너희가 여러 가지 시험을 만나거든 온전히 기쁘게 여기라" 말씀하고 있습니다.

시험도 여러 가지 있지만 그 여러 가지 시험을 이기는 승리의 기쁨도 여러 가지 일수도 있다는 말씀입니다.

로마서 8장 18절에 뭐라고 말씀하고 있습니까?

"생각하건대 현재의 고난은 장차 우리에게 나타날 영광과 비교할 수 없도다"

역경이나 어려움을 이겨서 영생의 기쁨을 누리는 것도 있고 현재 어려움이나 역경도 하나님께서 주실 영광을 생각하니 기쁨이 충만하다는 말씀입니다.

시험은 헬라원어로 '파이라스모스'인데 시험이나 시련을 말합니다.

여기서 시련은 질병, 환난, 그 밖에 어려움을 의미합니다.

사랑하는 성도 여러분!

장차 하나님께서 주실 영광의 기쁨으로 시험에 승리 하시기를 바랍니다.

2. 인내로 이겨라

시험을, 시련을 잘 견딜 때에 그 결과로 인내의 덕을 이룰 수 있습니다.
인내는 우리로 하여금 옳은 길을 끝까지 가게 해서 신앙 인격에 '온전함'에 도달하게 한다는 것입니다.
인내하지 못하면 인생에 성공하지 못합니다.
인생뿐만 아니라 신앙생활에도 인내가 그 만큼 중요합니다.
로마서 5장 3~4절 말씀 있지 않습니까?

"다만 이뿐 아니라 우리가 환난 중에도 즐거워하나니 이는 환난은 인내를 인내는 연단을 연단은 소망을 이루는 줄 앎이로다"

탈무드에 나오는 이야기입니다.
아브라함이 자기 집 앞에 있는데 나그네가 지나가고 있었습니다.
나그네는 몹시 지쳐 있었습니다. 땀을 많이 흘리고 배고픔도 느끼는 듯 했습니다.
아브라함은 나그네를 자기 집 안으로 불러 들였습니다. 그리고 잠시 쉬고 가라고 권했습니다.
아브라함은 사라에게 부탁하여 시원한 우유와 빵을 그 나그네에게 대접했습니다.
빵과 우유를 먹는 나그네에게 아브라함이 물었습니다.
"당신은 음식을 먹을 때 하나님께 기도하지 않습니까?"
나그네가 무뚝뚝하게 대답했습니다.

"나는 페르샤인입니다. 우리는 하나님을 믿지 않고 불을 숭배하고 있습니다. 우리는 하나님을 모릅니다."

믿음이 충만한 아브라함은 그 나그네에게 전도했습니다. 그러면서 하나님을 알려 주면서 믿기를 부탁했습니다.

결국 큰 논쟁이 벌어지고 말았습니다.

아브라함은 화가 머리끝까지 치밀었습니다. 그래서 나그네에게 삿대질을 하면서 소리를 질렀습니다.

"당신 같은 사람은 우리 장막에 있을 자격이 없으니 당장 나가시오"

나그네는 화가 나서 뒤도 돌아보지도 않고 나가 버렸습니다.

아브라함이 떠나는 나그네의 모습을 바라보고 있을 때 하나님의 천사가 나타나서 말했습니다.

"아브라함아!

하나님은 저 사람을 위하여 50년을 참으셨는데 너는 한 시간도 못 참는구나!"

이 말을 들은 아브라함은 너무나 부끄러웠습니다.

그 후부터 아브라함은 모든 것을 기다리며 참았다는 것입니다.

그러나 하나님은 언제까지 무한히 참는 분은 아니십니다.

참는 한계가 있습니다.

예수님이 재림하시는 심판 날까지만 참으시는 분입니다.

3. 믿음으로 이겨라

에베소서 6장에 사도바울은 믿음을 '방패'에 비유했습니다.

에베소서 6장 16절입니다.

"모든 것 위에 믿음의 방패를 가지고 이로써 능히 악한 자의 모든 불화살을 소멸하고"

예수님은 적은 믿음이라도 산을 옮긴다고 말씀하셨습니다.

우리 인생이 승리의 인생이 되려면 믿음으로 기도하고 믿음으로 인내하고 믿음으로 하나님의 축복을 이루어야 합니다.

우리가 기뻐할 수 있는 이유는 시험을 이긴 후에 상급을 생각하니 그 영광을 말로 비교할 수 없다는 것입니다.

믿음의 방패는 환난이나 고난이나 시험이 왔을 때 이길 수 있는 능력 있는 영적 무기입니다.

성경에도 이는 너희 믿음의 시련이 인내를 만들어 내는 줄 너희가 앎이라고 했습니다.

시험에도 믿음으로, 고난에도 믿음으로 이김으로 하나님의 놀라운 축복과 영광을 체험하시기를 바랍니다.

그가 말씀하시던 대로 살아나셨느니라

마태복음 28:1~15

안식일이 다 지나고 안식 후 첫날이 되려는 새벽에 막달라 마리아와 다른 마리아가 무덤을 보려고 갔더니 큰 지진이 나며 주의 천사가 하늘로부터 내려와 돌을 굴려 내고 그 위에 앉았는데 그 형상이 번개 같고 그 옷은 눈 같이 희거늘 지키던 자들이 그를 무서워하여 떨며 죽은 사람과 같이 되었더라 천사가 여자들에게 말하여 이르되 너희는 무서워하지 말라 십자가에 못 박히신 예수를 너희가 찾는 줄을 내가 아노라 그가 여기 계시지 않고 그가 말씀 하시던 대로 살아나셨느니라 와서 그가 누우셨던 곳을 보라 또 빨리 가서 그의 제자들에게 이르되 그가 죽은 자 가운데서 살아나셨고 너희보다 먼저 갈릴리로 가시나니 거기서 너희가 뵈오리라 하라 보라 내가 너희에게 일렀느니라 하거늘 그 여자들이 무서움과 큰 기쁨으로 빨리 무덤을 떠나 제자들에게 알리려고 달음질할새 예수께서 그들을 만나 이르시되 평안하냐 하시거늘 여자들이 나아가 그 발을 붙잡고 경배하니 이에 예수께서 이르시되 무서워하지 말라 가서 내 형제들에게 갈릴리로 가라 하라 거기서 나를 보리라 하시니라 여자들이 갈 때 경비병 중 몇이 성에 들어가 모든 된 일을 대제사장들에게 알리니 그들이 장로들과 함께 모여 의논하고 군인들에게 돈을 많이 주며 이르되 너희는 말하기를 그의 제자들이 밤에 와서 우리가 잘 때에 그를 도둑질하여 갔다 하라 만일 이 말이 총독에게 들리면 우리가 권하여 너희로 근심하지 않게 하리라 하니 군인들이 돈을 받고 가르친 대로 하였으니 이 말이 오늘날까지 유대인 가운데 두루 퍼지니라

옆에 있는 사람들과 샬롬의 인사를 나눕시다.

"예수님께서 부활하셨습니다. 당신도 부활하실 것입니다."

오늘은 부활절, 부활주일입니다.

부활절은 매해마다 달라집니다. 날짜 말입니다.

부활절을 계산할 때 먼저 춘분이 지나가고 보통 춘분이 3월 20일경입니다. 그리고 만월(보름달)이 지난 다음 맞이하는 주일이 부활주일로 지킵니다.

올해는 3월 20일이 춘분이고 3월 23일 보름달 만월이며 오늘 3월 27일이 부활주일이 되는 것입니다. 그러니까 최소한 부활절은 3월 말에서 최대 4월 중순 안에는 부활절이 포함한다 하겠습니다.

예수그리스도의 죽음과 부활은 인류 역사상 특별한 사건입니다.

죽은 사람이 다시 살아나셨다는 것은 석가모니 부처나 마호메트는 물론 진시황도, 알렉산더 대왕도, 네로황제도 이집트의 바로도 이루지 못한 것입니다. 그러나 예수님은 죽은 지 사흘 만에 죄와 사망의 어두움의 권세를 깨뜨리시고 부활하셨습니다. 만약 예수님께서 부활하시지 않았더라면 우리의 구주가 될 수 없었을 것입니다.

사도바울은 만약 그리스도께서 부활하지 않았더라면 내가 복음을 전파하는 것도 헛일이고 우리가 믿는 것도 헛된 것임을 고백하고 있습니다.

고린도전서 15장이 부활 장인데 고린도전서 15장 13-14절 천천히 말씀을 찾아 읽겠습니다.

"만일 죽은 자의 부활이 없으면 그리스도도 다시 나지 못하셨으리라 그리스도께서 만일 다시 살아나지 못하셨으면 우리가 전파하는 것도 헛것이요 또 너희 믿음도 헛것이며"

무슨 말씀입니까?

만약 예수님께서 부활하지 않았더라면 굳이 예수 믿을 필요가 뭐가 있겠느냐 이 말씀입니다.

저도 사도바울과 같은 입장, 고백입니다.

제가 그리 어리석은 사람이 아닙니다. 여러분도 마찬가지 일 것입니다.

만약 예수님의 부활이 없었다면 제가 이 자리에 있지 아니할 것입니다. 뭐 이리 목숨 걸고 신앙생활하고 전도하며 피곤하게 복음을 전파하겠느냐 이 말씀입니다.

저는 개인적으로 다른 종교의 고승들이나 수행자들을 보면 대단하다고 생각합니다.

왜요?

아니 한낱 피조물에 불과한 사람들 중에서 출중하고 뛰어난다 하더라도 그들을 신으로 받드는 자체가 어리석고 영생의 어떤 보장도 없는데 인생을 그들 종교에 바쳤다는 것이 안타깝게 여겨집니다.

부활도 없는데, 영생도 없는데 말씀입니다.

부활주일을 맞이하면서 "그가 말씀하시던 대로 살아 나셨느니라" 라는 말씀으로 함께 은혜를 나누고자 합니다.

1. 안식 후 첫날에(새벽에)

막달라 마리아와 다른 마리아가 안식일 지나자마자 다음날 새벽 이른 아침에 예수님의 무덤에 찾아갔습니다.

찾아간 이유는 준비한 향품을 가지고 예수님의 몸에 바르려고 찾아간 것입니다.

예수님에게 대한 그들의 지극 정성스런 모습입니다.

이스라엘 사람들의 생활에는 사람이 죽은 후에 시체를 보존하기 위해서 향품을 넣어두는 관습이 있었습니다.

일곱귀신 들려 정상적인 삶을 살지 못했던 막달라 마리아는 예수님을 만나 새 생명을 얻었고 치유를 받았습니다. 예수님께서 일곱귀신을 쫓아냄으로 사람역할 하게 되었으니 예수님 때문에 그가 살아난 것입니다. 그러니 주님을 잊을 수 있겠느냐는 말씀입니다.

예수님께서 십자가에 돌아가시고 바로 안식일이 시작되므로 어찌 방법이 없었습니다.

유대인들에게 안식일을 범한 것은 용납할 수 없는 일들이었습니다.

아랍사람들이 유대인들의 속성을 알기에 전쟁을 할 때도 안식일을 통해 안식일에 기습공격하게 됩니다. 유대인들은 안식일에 지켜야야 하기에 속수무책으로 당하게 됩니다.

여인들은 안식일이 지난 다음 날 새벽 미명에 예수님의 무덤에 찾아갔습니다.

그런데 예수님의 부활이 막달라 마리아와 다른 마리아가 갔던 그날 새벽 아침에 예수님께서 부활하셨음을 믿으시기 바랍니다.

가보니 두려움이 밀려오기 시작했습니다.

큰 지진이 나고 주의 천사가 하늘에서 내려와 돌을 굴러내고 그 위에 앉아있는 것입니다.

그 천사들의 모습을 보니 "그 현상이 번개같고 그 옷은 눈 같이 희거늘" 이것은 부활하신 예수님께 순종하는 승리로운 영광을 보여주고 있는 것입니다.

그 캄캄함과 어두움이 물러가고 영원한 승리의 광채를 보여 주고 있다는 말씀입니다.

2. 그가 말씀하시던 대로 살아나셨느니라

무덤을 지켰던 파수꾼들은 무서워 떨며 공포에 잠겨있습니다.

주의 천사가 여인들에게 안심을 시킵니다.

무서워말라 너희가 십자가에 못 박힌 예수를 찾는 것을 내가 안다. 그런데 그가 여기 계시지 않고 그가 말씀하시던 대로 살아나셨느니라 와서 그가 누우셨던 곳을 보라 안심시키며 차근 차근 부활하신 예수님의 과정 경위를 설명해 주었습니다.

여인들이 맨 먼저 예수님의 부활을 체험하고 목격했습니다.

이 세상의 저주가 들어온 것은 여인 하와로 말미암았습니다.

죄가 있는 곳에 은혜가 넘치는 것처럼, 예수님의 부활하신 기쁜소식은 예수님의 무덤에 가장 먼저 찾아온 여인들에게 찾아 왔다는 것입니다.

예수님은 공생에 사역하는 동안 여러 번에 걸쳐 부활을 예고했습니다.

부활에 대한 첫번째 예고에 관한 말씀이 마태복음 16장 21절에 있습니다.

찾아 천천히 읽습니다.

"이때로부터 예수그리스도께서 자기가 예루살렘에 올라가 장로들과 대제사장들과 서기관들에게 많은 고난을 받고 죽임을 당하고 제삼일에 살아나야 할 것을 제자들에게 비로서 나타내니"

두번째 예고도 마태복음 17장 23절에 있습니다.

"죽임을 당하고 제삼일에 살아나리라 하시니 제자들이 조심하리라"

세번째 예고도 마태복음 20장 19절에

"이방인들에게 넘겨주어 그를 조종하매 채찍질하며 십자가에 못 박게 할 것이나 제삼일에 살아나리라"

무슨 말씀입니까?

예수님의 부활은 우연히 살아 나신 것이 아니라 이미 구약시대부터 예언되어 있고 예수님께서 여러 차례 부활예언의 성취를 그대로 보여주고 있다는 것입니다.

제자들은 끝까지 예수님의 말씀을 들어야 하는데 죽음부분만 너무 크게 들려와 근심하였음을 우리는 말씀을 통해 보고 있습니다.

3. 평안하냐

'평안'은 샬롬이라는 인사입니다.

천사는 두 여인에게 빨리가서 제자들에게 전하라고 이야기합니다.

이런 상황에서 두 여인은 공포와 무서움, 기쁨이 혼재되어 있습니다.

막달라 마리아와 다른 마리아는 예수님의 부활을 전혀 기대하지 않았습니다. 그들이 간 것은 예수님의 은혜를 갚기 위해서 였습니다.

그런데 무서움과 기쁨으로 이 기쁜소식을 전하기 위해 달려가는데 부활하신 예수님을 만나게 됩니다. 정신이 없습니다.

예수님의 첫마디 말씀은 "평안하냐"입니다.

'평안하냐'의 헬라원어는 '카이레데'인데 이는 평안할지어다, 기뻐할지어다 말입니다.

예수님은 그들의 두려워하는 마음을 안정시키고 그들의 마음에 기쁨을 주시려고 이 말씀을 하셨습니다.

"카이레데"(평안하냐)

여자들은 예수님 앞에 나아가 발을 붙잡고 경배했습니다.

예수님의 부활은 역사적 사건입니다.

많은 사람들이 목격했던 과학적이고 객관적 사건입니다.

주관적 사건이 아니라 객관적 사건, 이미 구약과 예수님의 말씀을 통해 예언된 말씀의 성취입니다.

예수님의 부활이 있기에 믿는 자의 부활도 있는 것입니다. 믿으시기 바랍니다.

왜요?

그가 우리에게 부활을 주시기 때문입니다.

고린도전서 15장 4~6절에 이렇게 말씀하고 있습니다.

"장사 지낸바 되셨다가 성경대로 사흘 만에 다시 살아나사 게바에게 보이시고 후에 열두 제자와 그 후에 오백여 형제에게 일시에 보이셨나니 그 중에 지금까지 대다수는 살아있고 어떤 사람은 잠들었으며"

사랑하는 성도 여러분!

여러분 인생에 슬픔이 있습니까?

여러분 인생에 기쁨이 충만합니까?

여러분 인생에 어려움이 있습니까?

예수님의 부활은 소망의 소식입니다. 기쁨의 소식입니다. 삶에 희망소식입니다.

부활신앙으로 환란을 당하나 세상 이김으로 하나님의 축복을 누리시기 바랍니다.

첫 번째 크리스마스

마태복음 2:1~12

헤롯 왕 때에 예수께서 유대 베들레헴에서 나시매 동방으로부터 1)박사들이 예루살렘에 이르러 말하되 유대인의 왕으로 나신 이가 어디 계시냐 우리가 동방에서 그의 별을 보고 그에게 경배하러 왔노라 하니 헤롯 왕과 온 예루살렘이 듣고 소동한지라 왕이 모든 대제사장과 백성의 서기관들을 모아 그리스도가 어디서 나겠느냐 물으니 이르되 유대 베들레헴이오니 이는 선지자로 이렇게 기록된 바 또 유대 땅 베들레헴아 너는 유대 고을 중에서 가장 작지 아니하도다 네게서 한 다스리는 자가 나와서 내 백성 이스라엘의 목자가 되리라 하였음이니이다 이에 헤롯이 가만히 박사들을 불러 별이 나타난 때를 자세히 묻고 베들레헴으로 보내며 이르되 가서 아기에 대하여 자세히 알아보고 찾거든 내게 고하여 나도 가서 그에게 경배하게 하라 박사들이 왕의 말을 듣고 갈새 동방에서 보던 그 별이 문득 앞서 인도하여 가다가 아기 있는 곳 위에 머물러 서 있는지라 그들이 별을 보고 매우 크게 기뻐하고 기뻐하더라 집에 들어가 아기와 그의 어머니 마리아가 함께 있는 것을 보고 엎드려 아기께 경배하고 보배합을 열어 황금과 유향과 몰약을 예물로 드리니라 그들은 꿈에 헤롯에게로 돌아가지 말라 지시하심을 받아 다른 길로 고국에 돌아가니라.

Merry Christmas!

성탄절과 관련된 말씀은 마태복음 1-2장, 누가복음 1-2장에 나오고 있습니다.

예수님이 오셨을 당시 사회적, 정치적, 경제적 분위기는 어떠했습니까?

암울한 상황입니다.

우리는 매년 성탄절을 맞이할 때마다 설레임과 낭만이 있습니다만 예수님께서 오실 첫번째 크리스마스는 어두움과 전혀 희망을 찾아볼 수 없는 암울한 상황이었습니다.

정치적으로는 이스라엘이 주권국가로서 당당한 독립국가도 아닌 로마제국의 식민지로 있었습니다. 그래서 로마황제는 총독을 파견하여 이스라엘을 다스리고 있는 것입니다.

거기에다가 성경에도 나옵니다만 에돔 출신의 헤롯왕은 잔인한 군주였습니다.

헤롯이 이방사람인데 어떻게 유대왕이 되었는가에 대해 헤롯의 아버지가 '안티파네'인데 로마황제로 말미암아 유대의 '감사'가 된 이후부터 유대나라에 관계를 가지게 되었습니다.

로마달력으로는 헤롯왕이 714년에 유대왕이 되었고 37년 동안 왕노릇하다가 750년에 여리고에서 죽었다고 합니다.

유대역사가 요셉푸스에 의하면 그렇습니다.

오늘 세계달력으로 말한다면 B.C 41년에 유대왕이 되었고 B.C 4년에 사망하게 되는데 그의 생식기와 창자에 벌레가 먹어 죽었다고 전해 내려오고 있습니다.

한마디로 헤롯은 잔인한 사람이요 음흉한 사람임을 알 수가 있습니다.

성경 말씀에도 동방박사들에게 "가서 아기에 대하여 자세히 알아보고 찾거든 내게 고하여 나도 가서 그에게 경배하게 하라"는 것입니다.

그가 진심으로 메시야 되시는 아기 예수님께 경배를 드리겠습니까? 드리겠다는 것입니까?

'아니요'입니다.

그랬다면 아기 뿐만 아니라 부모 되는 요셉과 마리아는 헤롯의 칼로 죽었을 것입니다.

동방박사들이 꿈에 하나님의 지시하심을 받아 헤롯왕에게 보고하지 않고 바로 본국으로 돌아갑니다.

그 이후 헤롯왕이 얼마나 포악한 지 베들레헴과 그 지경 안에 있는 두 살 아래 어린아이들을 집단 학살하는 것을 볼 수가 있습니다.

피 비린내 나는 학살입니다.

그래서 첫번째 성탄절의 상황은 그야말로 아비규환입니다.

그 때 상황은 마태복음 2장 17~18절에 이렇게 말씀하고 있습니다.

"이에 선지자 예레미야를 통하여 말씀하신바 라마에서 슬퍼하며 크게 통곡하는 소리가 들리니 라헬이 그 자식을 위하여 애곡하는 것이라 그가 자식이 없으므로 위로 받기를 거절하였도다 함을 이루어졌느니라"

무슨 말씀입니까?

베들레헴 참사를 말씀하고 있습니다.

그러면서 메시야의 구원을 바라보고 있습니다. 기다리고 있습니다.

예수님께서 사람의 몸으로 오신 첫번째 성탄절은 정치적으로 사회, 경제, 종교 여러 측면에서 절망이고 암울함 그 자체였습니다.

이런 시대에 메시야 예수님이 탄생하셨습니다.

절망의 순간에 예수님이 오신것입니다.

1. 동방에서 별을 보고 찾아온 동방박사들

동방박사들은 갈대아나 파사사람들이었습니다.

오늘날로 말한다면 이라크나 이란 사람들입니다. 그 당시로는 바벨론 사람, 페르시아 박사들입니다.

여기에 박사라는 말이 나오는데 헬라어로 박사가 '마고이"인데 이는 천문학자라는 말입니다. 별을 전문적으로 연구하는 천문학자, 과학자들입니다. 그리고 그들을 인도한 별은 초자연적인 별이라 할 수 있습니다.

동방의 박사들은 이렇게 말하고 있습니다.

"유대인의 왕으로 나신 이가 어디 계시냐 우리가 동방에서 그의 별을 보고 그에게 경배하러 왔노라"(마태복음 2:1)

이러한 말을 듣고 헤롯왕과 예루살렘 시내가 소동이 일어났습니다. 발칵 뒤집어졌습니다.

성지순례를 갔습니다.

예루살렘 성내가 우리가 생각하는 것보다 그리 광대하지 않았습니다.

그들은 일반 평범한 사람이 아니고 어떤 면에서 지성인이고 과학자이며 천문박사들이었으니 그들의 말에는 권위가 있었습니다.

그러면 이들이 어떻게 알게 되었을까?

구약성경 민수기 24장 17절에 보면 동방나라의 예언자 발람이 예언을 통해서 유대인의 왕 탄생예언이 나오고 있습니다.

"내가 그를 보아도 그 때의 일이 아니며 내가 그를 바라보아도 가까운 일이 아니도다. 한 별이 야곱에게서 나오며 한 규가 이스라엘에게서 일어나서 모압을 이쪽에서 저쪽까지 쳐서 무찌르고 또 셋의 자식들을 다 멸하리로다"

이런 말씀들이 동방박사들의 메시야 탄생을 기다리게 되었다는 말씀입니다.

누가 메시야를 만나고 구원을 받을 수 있습니까?

목마른 사람들입니다.

영적으로 목마른 사람들이 주님을 만나고 구원받을 수 있음을 믿으시기 바랍니다.

동방박사들은 메시야에 대해 목마름이 있었습니다.

그들은 발람 예언자의 말 한마디로 멀리 동방에서 멀고 먼길을 찾아 예수님께 와서 경배한 것을 믿으시기를 바랍니다.

2. 베들레헴 탄생

예수님께서 메시야로 오셨을 때 하늘에서는 난리가 났습니다.

누가복음에 보면 맨 먼저 성탄의 소식이 목자들에게 전해졌고 그들은 즉시 아기 예수를 경배하고 그들에게 이루어진 일을 전했습니다.

목자들은 듣고 본 그 모든 것으로 인하여 하나님께 영광 돌리고 찬송했음을 성경은 말씀해 주고 있습니다.

하늘에는 수 많은 천군천사들이 메시야 탄생에 하나님을 찬송했습니다.

"지극히 높은 곳에서 하나님께 영광이요 땅에서는 하나님이 기뻐하는 사람들 중에 평화로다"(누가복음 2: 14)

누가복음에서는 목자들이 경배할 때 예수님께서 말구유에서 태어나신 것을 볼 수가 있습니다.

동방박사들에 대해서 마태복음 2장에서는 그들이 집에 들어가서 경배했다고 하는데 동방박사들이 찾아 온 것은 예수님께서 탄생하신 후 시간이 어느 정도 지났으므로 어떤 방법으로든지 집에 수용되신 후의 일이었습니다.

문제는 정작 메시야 탄생을 사모하고 기다려야 할 대제사장이나 서기관들은 영적으로 죽어 있었습니다.

헤롯왕이 그 당시 대제사장이나 서기관들한테 "그리스도가 어디서 태어나느냐" 했더니 그제서야 유대 베들레헴에서 태어난다고 말했습니다.

그들은 그 당시 성경이 구약성경인데 지식으로는 알지만 영적 암흑기였음을 여실히 보여주고 있습니다.

이 때 대제사장직을 지낸 사람들은 먼저 마티아(Matlias)요 후에 요자루(Jozarus)였다고 합니다.

메시야로 오실 예수님은 이 세상의 왕이 아니고 진리의 말씀으로 우리의 영혼을 다스리시는 왕 메시야라는 말씀입니다. (요한복음 18:36~37)

진정한 왕이라는 말씀입니다.

요한복음 18장 37절입니다.

"빌라도가 이르되 그러면 네가 왕이 아니냐 예수께서 대답하시되 네 말과 같이 내가 왕이니라 내가 이를 위하여 태어났으며 이를 위하여 세상에 왔나니 곧 진리에 대하여 증언하려 함이로다. 무릇 진리에 속한 자는 내 음성을 듣느니라 하신대"

무슨 말씀입니까?

이 세상의 왕처럼 사람들을 멸시하고 죽이고 교만하고 압제하고 권력으로 막대하게 횡포하는 왕이 아니라는 말씀입니다.

진정한 왕 즉 겸손하고 사람들을 살리고 치료하고 상처입은 영혼들을 감싸고 영혼을 다스리는 왕 메시야 임을 믿으시기 바랍니다.

3. 경배하는 동방박사들

교회에 나오는 것도 중요하지만 어떤 일이 제일 중요합니까?

하나님께 예배하는 것입니다.

하나님께 경배하는 것입니다.

동방의 박사들은 먼 길을 찾아 예수님께 왔지만 거기서 끝나지 않았습니다.

엎드려 아기 예수님께 경배를 드렸습니다.

아기 있는 곳에 그 별이 멈추어 섰을 때 그들은 매우 크게 기뻐했다고 했습니다.

그들은 집에 들어가 아기 예수님께 엎드려 경배하고 보배합을 열어 황금과 유향과 몰약을 아기 예수님께 예물로 드렸습니다.

마틴 루터는 황금은 '왕'에게 적합하고 유향은 하나님께 적합하고 몰약은 죽은 사람에게 적합한 선물이라고 말했습니다.

그러므로 메시야 되시는 예수님은 왕이시고 하나님이시며 그의 백성을 위하여 대속의 죽음을 죽으실 사람임을 말씀하고 있습니다.

예수 믿는 사람에게 맨 먼저는 예배, 경배임을 잊지 말아야겠습니다.

첫 번째 성탄절이 마태복음 2장, 누가복음 2장에 나오고 있습니다.

절망과 어둠, 암울한 상황, 시대 속에서 메시야, 그리스도 예수님이 오셨습니다.

그가 우리의 영원한 기쁨이 되시고 영원한 소망을 주셨습니다. 그리고 영생을 주셨습니다.

영원한 천국을 소망하며 우리의 인생이 예수님과 함께 영광과 기쁨, 축복의 인생들이 다 되시기를 축복합니다.

제 2 부

교회부흥

선한 사마리아처럼(누가복음 10:25~27)

주안에서 하나입니다(요한복음 17:20~26)

말씀이 살아있는 교회(마태복음 7:28~29, 히브리서 4:12)

집중적인 기도에 기적이 일어난다
(열왕기상 18:41~46, 사도행전 2:42)

오직 전도로 승부하라(마가복음 1:32~38, 고린도전서 9:16-17)

인내의 승리(약 1:1~4)

목표가 분명한 사람이 승리한다
(창세기 37:1~11, 디모데후서 4:7~8)

선한 사마리아처럼

누가복음 10:25~37

어떤 율법교사가 일어나 예수를 시험하여 이르되 선생님 내가 무엇을 하여야 영생을 얻으리이까 예수께서 이르시되 율법에 무엇이라 기록되었으며 네가 어떻게 읽느냐 대답하여 이르되 네 마음을 다하며 목숨을 다하며 힘을 다하며 뜻을 다하여 주 너의 하나님을 사랑하고 또한 네 이웃을 네 자신 같이 사랑하라 하였나이다 예수께서 이르시되 네 대답이 옳도다 이를 행하라 그러면 살리라 하시니 그 사람이 자기를 옳게 보이려고 예수께 여짜오되 그러면 내 이웃이 누구니이까 예수께서 대답하여 이르시되 어떤 사람이 예루살렘에서 여리고로 내려가다가 강도를 만나매 강도들이 그 옷을 벗기고 때려 거의 죽은 것을 버리고 갔더라 마침 한 제사장이 그 길로 내려가다가 그를 보고 피하여 지나가고 또 이와 같이 한 레위인도 그 곳에 이르러 그를 보고 피하여 지나가되 어떤 사마리아 사람은 여행하는 중 거기 이르러 그를 보고 불쌍히 여겨 가까이 가서 기름과 포도주를 그 상처에 붓고 싸매고 자기 짐승에 태워 주막으로 데리고 가서 돌보아 주니라 그 이튿날 그가 주막 주인에게 2)데나리온 둘을 내어 주며 이르되 이 사람을 돌보아 주라 비용이 더 들면 내가 돌아올 때에 갚으리라 하였으니 네 생각에는 이 세 사람 중에 누가 강도 만난 자의 이웃이 되겠느냐 이르되 자비를 베푼 자니이다 예수께서 이르시되 가서 너도 이와 같이 하라 하시니라.

언젠가 한국교회가 세상사람들로부터 비판의 대상이 되고 있습니다, 비난의 대상은 분명 소수의 무리이지만 스마트폰시대이다보니 그 영향력은 대단히 큽니다. 지금까지는 무덤덤하게 받아들이고 공격만 당했는데 안티기독교운동이 우리도 모르게 복음전파에 많은 방해가 되고 있습니다.

아무리 변함없는 진리의 말씀이라도 사람들이 외면하고 아예 귀를 닫아 버리면 하나님의 말씀의 진리가 설 길이 없습니다. 그래서 이제 우리도 회개할 것은 회개하고 고칠 것은 반드시 고쳐야 합니다.

한국 사람들이 한국교회에 개선해야 할 몇 가지 바라는 것들이 있습니다.

첫째, 교회세습문제입니다.

대한민국의 사람들은 기본적으로 '세습'하면 아주 부정적인 생각을 갖습니다. 세습하는 교회는 지금이나 앞으로도 그 어떤 방법으로도 부흥이 쉽지 않을 것입니다.

분단된 조국에서 북한은 오랫동안 세습과 독재 정치를 해왔습니다.

세 번째 세습으로 물려받은 김정은에 대해서 좋게 평가하는 사람은 아무도 없습니다. 남한뿐만 아니라 북한주민들도 그럴 것입니다.

경제계 재벌들이 주로 세습을 많이 합니다.

누구는 처음부터 금 숟가락을 가지고 태어나고 대다수의 사람들은 고생 고생하며 인생을 살아갑니다. 그래서 대한민국에서는 재벌들에 대해 아주 좋지 못한 부정적 생각을 가지고 있습니다.

그런데 양심과 정직의 모습을 보여야 할 교회지도자들에게 1990년 중반 이후 지금까지도 주로 중·대형교회 중심으로 아버지 은퇴 이후 자녀들이 그 교회 세습으로 물려받고 있다는 사실입니다. 이로 인해 그동안 한국교회의 아름다운 모습이 추락하여 타격을 받고 있습니다.

제가 속한 교단에서도 4년 전 세습방지법이 통과되었지만 편법과 불법으로 보이지 않게 세습이 이어지고 있습니다.

문제는 세습한 교회들이 더 이상 부흥이 되지 않고 분열과 분쟁으로 여러 교회들이 몸살을 앓고 있습니다.

목회는 하나님의 소명으로 이루어지는 것이지 인간적 방법으로 계승되는 것이 아니기 때문입니다.

두 번째 개선 문제로는 '소수 목회자의 일탈'입니다.

목회자들의 강한 윤리의식과 절제의식이 필요합니다.

대한민국이 어느 순간부터 성 윤리가 다 깨지고 심지어 법관까지도 간통죄를 폐지하면서 도덕과 윤리가 많이 무너졌습니다.

대한민국 하면 예로부터 '동방예의지국'이란 말이 있었지만 어느 순간부터 사라져 버렸습니다.

세 번째는 이웃에 대한 무관심입니다.

사회에 대한 무관심, 약자에 대한 무관심입니다.

누가요?

한국교회입니다.

한국 교회가 대략 1970년대 중반부터 1990년대 중반까지 20년 동안 부흥의 역사들이 일어났습니다. 교회 부흥기와 그 이후 교회가 침체를 겪으면서 사회에 대한 교회의 사명을 다하지 못했습니다.

교회성장을 강조하다보니 이웃에 대해서, 사회약자에 대해서 교회가 무관심했다는 것입니다.

이런 이유로 한국교회가 어려움에 처해 있습니다.

이 어려움을 극복하는 방법이 누가복음 10장 예수님께서 제시하신 선한 사마리아인의 선행에 있음을 기억해야겠습니다.

예수님께서 말씀하셨습니다.

누가복음 10장 28절입니다.

"예수께서 이르시되 네 대답이 옳도다 이를 행하라 그러면 살리라 하시니"

복음의 대상은 사회요 세상입니다. 세상 사람들입니다.

이들이 어떤 연유로 복음을 거부하고 귀를 닫아버리고 외면하면 복음전파의 최악 상황이 되는 것입니다.

본문 말씀은 '선한 사마리아인처럼' 교회의 권위를 회복하고 여전히 세상의 소망은 기독교와 교회에 있음을 다시 한번 깨닫고 은혜 받는 시간이 되시기 바랍니다.

1. 이웃의 아픔을 내 아픔처럼

어떤 사람이 예루살렘에서 여리고로 내려가다가 강도를 만났습니다.

치안이 부재한 시대입니다.

돈만 빼앗은 것이 아니고 옷도 벗기고, 폭행을 당해서 소위 119가 오지 않으면 죽을 만한 상황에 놓여 있습니다.

이 때 제사장도 보았지만 못본 척하고 지나가고 레위인도 못본 척하고 지나갔습니다.

제사장이나 레위인들이 누구입니까?

하나님의 백성들입니다. 하나님의 백성들 중에 지도자이고 소위 성전에서 일하는 자들 입니다. 그들은 세상의 직업을 갖지 않고 11지파들이 헌금해주고 십일조로 살아가는 사람들이 제사장이고 레위인들입니다.

어떻게 이렇게 매정할 수 있습니까?

예수님의 말씀으로는 그 당시 그들이 그렇게 살았던 것 같습니다.

예수님의 말씀은 언제나 진리의 지혜뿐만 아니라 시대상을 반영하는 비유들이 많습니다.

오늘날 적용하면 한국교회와 교인들이 그럴 수 있습니다.

사회적 약자들이 옷 벗기고 돈 뺏기고 폭력으로 죽어가는 상황에 못 본 척 살아가고 있는 지도 모르겠습니다.

그런데 그때 유대인들이 '개'라고 손가락질했던 선한 사마리아인은 못 본 척 지나가지 않았습니다. 휴머니즘이 있었습니다. 긍휼의 마음이 있었습니다. 양심상 그대로 지나칠 수 없었습니다.

"강도를 만나 사람이 죽어가는 데……"

사마리아인은 불쌍히 여겨 빨리 응급조치를 했습니다. 응급조치한 내용이 나옵니다.

누가복음 10장 33~44절을 천천히 읽겠습니다.

"어떤 사마리아인은 여행하는 중 거기 이르러 그를 보고 불쌍히 여겨 가까이 가서 기름과 포도주를 그 상처에 붓고 싸매고 자기 짐승에 태워 주막으로 데리고 가서 돌보아 주니라"

할렐루야!

이 얼마나 휴머니즘적이고 아름다운 모습입니까?

이웃의 아픔을 내 아픔처럼 여기는 긍휼의 마음입니다.

기독교 정신은 긍휼정신입니다.

하나님께서 영원한 멸망으로 가는 사람들을 긍휼히 여기셔서 독생자 예수님을 우리에게 보내주시지 않았습니까?

긍휼의 마음으로 사회적 약자, 어려움에 처한 이웃을 대하는 여러분 모두가 되시기를 주님의 이름으로 축원합니다.

2. 예수님의 이름으로 자비를

'자비'를 영어로 'mercy'라고 합니다.
자비는 두 가지의 뜻을 포함하고 있습니다.
'자비'는 사랑의 마음입니다. 사랑의 마음을 가지고 중생들에게 즐거움을 주는 것입니다.
또한 '자비'는 불쌍히 여기는 마음입니다. 불쌍히 여기는 마음을 가지고 중생들의 고통을 없애주는 것입니다. 그래서 자비에는 사랑과 연민의 뜻이 함께 포함되어 있는 아름다운 사랑입니다.
예수님은 이 사마리아인이 진정성을 가지고 자비를 행했다는 말씀입니다.
한국교회가 자비의 마음을 가지고 사회, 더 나아가서 약자들의 편에 서서 자비를 베풀어야 한다는 것입니다.
이제는 한국사회에서 이웃을 향해 사랑, 자비의 마음이 없으면 쇠퇴할 수밖에 없습니다.
예수님의 이름으로 자비를 베풉시다.
자비를 베푸는 여러분 모두가 되시기 바랍니다.

3. 이기는 길입니다. 행하라

성경본문 말씀에 등장하는 선한 사마리아인이 진정한 크리스천입니다.
그리스도인이 누구이냐? 정체성을 물을 때 누가복음 10장 25-37절에 사마리아인, 착한 사마리아 인이 진정한 성도라고 말할 수 있습니다.

예수님께서 말씀하십니다.

"가서 너도 이와 같이 하라"(누가복음 10:37)

행하라는 말씀입니다.
선한 사마리아인처럼!
이웃의 아픔을 내 아픔처럼
예수님의 이름으로 자비를 베풀어야겠습니다.
이것이 세상을 이기고 다시 한번 한국교회가 살고 세상의 소망의 역
할을 감당해 나가시기 바랍니다.

주 안에서 하나입니다.

요한복음 17:20~26

내가 비옵는 것은 이 사람들만 위함이 아니요 또 그들의 말로 말미암아 나를 믿는 사람들도 위함이니 아버지여, 아버지께서 내 안에, 내가 아버지 안에 있는 것 같이 그들도 다 하나가 되어 우리 안에 있게 하사 세상으로 아버지께서 나를 보내신 것을 믿게 하옵소서 내게 주신 영광을 내가 그들에게 주었사오니 이는 우리가 하나가 된 것 같이 그들도 하나가 되게 하려 함이니이다 곧 내가 그들 안에 있고 아버지께서 내 안에 계시어 그들로 온전함을 이루어 하나가 되게 하려 함은 아버지께서 나를 보내신 것과 또 나를 사랑하심 같이 그들도 사랑하신 것을 세상으로 알게 하려 함이로소이다 아버지여 내게 주신 자도 나 있는 곳에 나와 함께 있어 아버지께서 창세전부터 나를 사랑하시므로 내게 주신 나의 영광을 그들로 보게 하시기를 원하옵나이다 의로우신 아버지여 세상이 아버지를 알지 못하여도 나는 아버지를 알았사옵고 그들도 아버지께서 나를 보내신 줄 알았사옵나이다 내가 아버지의 이름을 그들에게 알게 하였고 또 알게 하리니 이는 나를 사랑하신 사랑이 그들 안에 있고 나도 그들 안에 있게 하려 함이니이다.

예수님의 중보기도에 대한 말씀입니다.

복음서 중 한 장 전체가 예수님의 기도 말씀으로 유일하게 기록되어 있습니다.

예수님의 기도제목은 '하나됨'입니다.
요한복음 17장 22절입니다.

"내게 주신 영광을 내가 그들에게 주었사오니 이는 우리가 하나가 된 것 같이 그들도 하나가 되게 하려 함이니이다."

누구를 말씀합니까?
예수님께서 아버지와의 하나됨을 말씀하고 있습니다.
아버지와 하나 된 것 같이 제자들도, 그 이후 성도들도 하나가 되어야 함을 권면하고 중보기도하고 있는 것입니다.
사단 마귀는 하나됨을 싫어합니다. 분열을 조장하고 하나님과 하나가 되는 것을 원치 않습니다. 반면 성령 하나님은 우리로 하나가 되게 하신다는 것입니다.
에베소서 4장 3절을 함께 읽습니다.

"평안의 매는 줄로 성령이 하나 되게 하신 것을 힘써 지켜라"

교회부흥과 관련하여 교회가 부흥하기 위해서는 성도들이 하나가 되어야 한다는 것입니다.
하나된 성도, 하나된 교회입니다.
성도 한 사람 한 사람 하나가 될 때 엄청난 하나님의 능력이 함께 계심을 확신하시기 바랍니다.

1. 강력한 힘을 가져다줍니다.

무엇입니까?

'하나됨'이 그렇습니다.

하나됨은 '강력한 힘' 자체입니다.

군대라 할지라도 오합지졸이면 무너지게 됩니다.

기드온의 삼백 용사가 뜻하는 것이 무엇입니까?

하나됨입니다.

하나님의 능력을 보여주는 사건입니다.

기드온의 삼백 용사를 통해서 주는 교훈이 무엇입니까?

하나는 하나님의 능력을 보여주고 있습니다.

하나님이 함께 계시면 군대의 수와 무기에 있지 않다는 것입니다.

또 다른 하나는 용사들의 하나됨입니다.

하나됨을 통해 승전할 수 있었습니다. 기드온의 삼백 용사들이 사사기 8장 10절에 전투에서 12만 명을 죽였다고 기록하고 있습니다.

'하나됨'의 기적입니다.

하나님의 역사는 언제나 헌신 있는 소수를 통해 역사하십니다.

12명의 제자, 120명의 마가 다락방에서 기도에 집중하므로 성령 강림의 강력한 역사를 체험했습니다.

우리민족도 북한과 하나로 뭉치면 미국, 중국, 러시아 다음으로 강력한 국가가 될 수 있습니다. 만약 평화통일이 되면 군사대국 4위가 됩니다. 인구도 8천만 인구가 되므로 내수경제에도 큰 힘이 될 것입니다.

남북의 지도자들이 머리를 맞대어 탐욕을 버리면 강력한 민족, 좋은 나라가 될 수 있는 데 자신의 탐욕 때문에 많은 국민들이 고통을 받아 왔습니다.

이제 하나가 되어야 합니다.
이처럼 하나됨은 강력한 힘을 가져다줍니다.

2. 뜻을 이룰 수 있습니다.

무엇입니까?
'하나됨'이 강력한 힘뿐 만 아니라 뜻을 이루게 한다는 말씀입니다.

우리는 2002년 한일월드컵을 기억할 것입니다.
월드컵 4강에 진출하여 세계 4위를 했습니다. 4강의 기적입니다.
4강 자체가 불가능한 일이었습니다.
축구는 일반적으로 유럽이나 남미가 축구를 잘합니다.
터프한 운동경기이기에 아시아사람이나 한국 사람에게 잘 맞지 않는 운동일 수 있습니다.
축구의 기원도 유럽, 영국이 종주국이 아닙니까?
그런데 '히딩크'라는 탁월한 네덜란드출신의 감독을 통해서 선수들에게 자신감과 하나됨을 심어주고 시청광장에 100만 이상 군중이 응원할 정도로 뜨거운 응원의 하나됨이 월드컵 4강의 기적을 이룬 것입니다.

전도서 4장 11~12절입니다.

"또 두 사람이 함께 누우면 따뜻하거니와 한 사람이면 어찌 따뜻하랴 한 사람이면 패하겠거니와 두 사람이면 맞설 수 있나니 세 겹줄은 쉽게 끊어지지 아니하느니라"

한 명보다는 두 명, 두 명보다는 세 명, 세 명보다는 여러 명이 하나될 때 쉽게 지지 않는다. 이긴다는 말씀입니다.

미국 샌프란시스코에 가면 금문교라는 유명한 다리가 있습니다.
1933년에 착공해서 1937년에 완공한 다리입니다.
길이가 1.7마일 2737m이고 케이블길이가 2331.7m이고 케이블직경이 92.4cm라고 합니다.
그러니까 케이블 두께가 사람의 키의 절반만한 굵기입니다.
무엇보다 중요한 것은 아주 얇은 케이블 27.572개의 케이블이 모여(꼬아서) 다리를 지탱해 주는 큰 케이블이라는 것입니다.

하나의 철선으로 볼 때는 별 볼일 없고 쉽게 끊어지지만 27.572철선이 꼬아져서 엄청난 힘을 발휘하게 된 것입니다.
하나가 되면 뜻을 이룰 수 있습니다.
꿈과 소원을 이룰 수 있습니다.

예수님은 장차 주님의 교회가 하나가 되기를 위해 중보기도 했습니다.
하나가 될 때 주의 거룩한 복음을 통해 하나님 아버지께로 돌아오고 세상구원을 이룰 수 있음을 확신했습니다.

"누구든지 주의 이름을 부르는 자는 구원을 받으리라"(로마서 10:13)

요한복음 17장 22절입니다.

"내게 주신 영광을 내가 그들에게 주었사오니 이는 우리가 하나가 된 것 같이 그들도 하나가 되게 하려 함이니이다."

3. 사명입니다.

주님께서 말씀하신 '하나됨'은 세상의 강력한 힘을 보이라는 말씀이 아닙니다.

예수님은 정치적 메시아로 오시지 않았습니다. 온 인류의 모든 죄인의 구세주로 오셨습니다.

교회권력이 되어서는 안됩니다. 기독교 권력이 되어서도 안됩니다. 교회사명을 이루는 것이요. 아버지의 뜻을 이루는 것입니다.

교회사명이 무엇입니까?

복음전파입니다.

사도행전 1장 8절 말씀처럼 말입니다.

"오직 성령이 너희에게 임하시면 너희가 권능을 받고 예루살렘과 온 유대와 사마리아와 땅 끝까지 이르러 내 증인이 되리라 하시니라"

왜 하나가 되라는 것입니까?

사명을 다하고 사명을 이루라는 말씀입니다.

강력한 힘을 가져다줍니다. 믿음의 세력, 부흥의 세력을 만들어가야 겠습니다.

뜻을 이루게 합니다.

사명입니다.

하나가 되어야 합니다. 똘똘 뭉쳐야 합니다. 서로 도와주고 기도해주고 축복해 주는 아름다운 공동체를 만들어가야겠습니다.

하나됨으로 주안에서 하나됨으로 하나님의 크고 놀라운 기적을 만들어 나가시기 바랍니다.

말씀이 살아있는 교회

마태복음 7:28~29

예수께서 이 말씀을 마치시매 무리들이 그의 가르치심에 놀라니 이는 그 가르치시는 것이 권위 있는 자와 같고 그들의 서기관들과 같지 아니함일러라.

히브리서 4:12

하나님의 말씀은 살아 있고 활력이 있어 좌우에 날선 어떤 검보다도 예리하여 혼과 영과 및 관절과 골수를 찔러 쪼개기까지 하며 또 마음의 생각과 뜻을 판단하나니.

서울의 어느 고등학교 이야기입니다.

이 학교 교장선생님은 신실한 장로님이었습니다.

이 고등학교가 남녀공학일 때 자신이 세상에서 전혀 쓸모없다고 생각하고 여러 차례 자살을 시도했던 여학생이 6명이나 있었다고 합니다. 훈계해도 안되었습니다. 징계해도 안되었습니다. 계도하면 할수록 이 학생들은 더욱 삐뚤어져 갔습니다.

그 때 이 교장선생님이 자살 시도한 6명의 학생을 데리고 일주일 동안 정신박약아 수용시설을 찾아갔습니다.

거기서 그들을 보살피는 봉사활동을 일주일 동안 시켰다고 합니다. 처음에는 대부분이 불평이 터져 나왔습니다.

그런데 하루 이틀 시간이 지나자 그들의 태도가 변하기 시작했습니다.

그들은 지금까지 자신이 가장 불행하다고 생각했습니다.

그런데 정신박약아들을 보면서 자신보다 더 불쌍한 사람이 있다는 사실을 깨달았고 자신이 필요로 하는 곳이 있으며 자신이 그들에게 도움을 줄 수 있다는 사실을 알았습니다.

정신박약아 시설을 떠나는 마지막 날 그들은 모두 눈물을 흘리며 회개했습니다. 그리고 이런 약하고 어려운 사람들을 도와주며 살겠다고 다짐했습니다.

이들을 변화시킨 원동력이 무엇입니까?

바로 목적, 목표를 발견했다는 사실입니다.

대한민국이 하루에 43.9명씩 자살하고 있다는 통계가 나오고 있습니다.

왜 죽습니까?

목적이 없기 때문입니다.

삶의 목표도 없고요. 삶에 의미와 목적이 없을 때 무의미와 허무가 사람을 죽음으로 몰아갈 수도 있다는 것입니다.

교회가 부흥되기 위해서는 목적이 분명하고 목표가 명확해야 합니다.

첫 번째로 말씀 드렸던 오늘 대한민국에 교회와 성도들이 '선한 사마리아 인처럼' 살지 않으면, 선한 사마리아 인처럼 착하게 살아가지

못하면 교회부흥을 기대할 수 없습니다.(누가복음 10:25~37)

하나가 되어야 합니다.

분열하면 교회부흥을 더 이상 기대할 수 없습니다. 주안에서 하나가 되어야 한다는 것입니다.

'살아있는 말씀'

말씀이 살아있는 교회에 교회부흥이 일어납니다.

기독교의 역동성은 '말씀'에 있습니다.

1. 예수님의 말씀에 권세가 있었고 능력이 있었습니다.

기독교의 생명은 말씀입니다.

예수님의 말씀이요 하나님의 말씀입니다.

마태복음 5장, 6장, 7장을 뭐라고 합니까?

산상수훈, 산상보훈, 산상설교라고 합니다.

성경말씀 가운데 '가장 보배롭고 황금 같은 말씀'이라는 것입니다.

마태복음 5~7장이 사람의 지혜 속에서 나올 수 있습니까?

아닙니다. 하나님의 지혜가 아니면 안 되는 말씀들입니다.

이 말씀을 들을 때 청중들은 큰 감동과 은혜를 받았습니다. 성경을 전문적으로 연구하는 서기관들과 비교할 수 없는 보화와 같은 말씀이라는 것입니다.

오늘 말씀에도 나오지 않습니까?

무리들이 예수님의 가르치심에 놀랐다는 것입니다.

감동, 은혜, 충격 그런 것들입니다. 생전 들어보지 못한 말씀, 매주 회당에서 만나는 제사장, 서기관들과 비교할 수 없는 큰 감동과 은혜가 있었다는 말씀입니다.

말씀이 살아있으면 영혼이 소생되고 생명이 살아납니다.

예수님이 가시는 곳마다 큰 무리들이 따랐습니다.
예수님이 말씀하실 때 제자들이 배를 버려두고 예수님을 따랐다고 했습니다.
예수님이 말씀하시면 소경 된 자들이 눈을 뜨고 손 마른 자들이 정상적으로 몸이 회복되었습니다.
기적을 가능케 하는 것이 무엇입니까?
'말씀'입니다.
하나님의 말씀은 살아있을 때 생명이 되고 살아있을 때 역사가 일어나며 살아있을 때 부흥운동이 일어납니다.

예수님의 오심을 예비한 세례 요한을 보시기 바랍니다.

"회개하라 천국이 가까이 왔느니라"(마태복음 3:2)

회개촉구말씀을 선포했을 때 수많은 사람들이 그에게 와서 당신이 우리에게 오실 메시야입니까? 물었을 때 그는 분명하게 대답했습니다.
"아닙니다. 내 뒤에 오시는 분이 있나니 나는 그의 신발끈도 풀기도 감당치 못합니다. 그는 흥하여야 하겠고 나는 쇠하여야 하리라."
예수님은 가시는 곳마다 구름 떼 같이 청중들이 몰려들었습니다.
왜요?
'그의 권세 있는 말씀'을 듣기 위해서입니다.
오늘 성경에도 말씀합니다.
마태복음 7장 28~29절입니다.

"예수께서 이 말씀을 마치시매 무리들이 그의 가르치심에 놀라니 이는 그 가르치는 것이 권위 있는 자와 같고 그들의 서기관들과 같지 아니함일러라"

2. 베드로의 설교에 부흥운동이 일어났습니다.

성령강림 이후 성령 받은 베드로에게 담대함이 있었습니다.
그가 설교할 때에 회개하고 3000명의 군중들이 세례를 받았습니다.
일일이 전도도 해야 하지만 말씀의 파급효과가 훨씬 큽니다.
그가 일어나서 말씀을 전할 때, 설교할 때 이런 일들이 일어났습니다.
사도행전 2장 40~42절입니다.

"또 여러 말로 확증하여 권하여 이르되 너희가 이 패역한 세대에 구원을 받으라 하니 그 말을 받은 사람들은 세례를 받으매 이날에 신도의 수가 삼천이나 더하더라 그들의 사도의 가르침을 받아 서로 교제하고 떡을 떼며 오로지 기도하기를 힘쓰니라"

성령을 받은 베드로가 어느덧 설교가가 된 것입니다.
설교할 때 예수그리스도의 이름으로 세례를 받고 엄청난 교회부흥이 시작되었습니다.
말씀이 죽거나 사람들에게 들리어지지 않을 때 교회부흥은 일어나지 않는다는 것입니다.
하나님의 말씀이 살아있는 교회가 되시기 바랍니다.
교회에 하나님의 말씀이 살아있을 때 언제든지 부흥이 올 수 있다는 소망을 가지시기 바랍니다.
바울 때도 그랬습니다.

요한 웨슬리 때도 그랬습니다.

찰스 스펄젼 때도 그랬습니다.

교회부흥은 말씀이 살아 역사할 때 언제든 찾아왔습니다.

그래서 하나님의 말씀은 기독교의 생명입니다.

복음전파라는 것이 무엇입니까?

하나님의 말씀을 전해서 사람들로 하여금 구원받게 하는 것입니다.

기독교의 신앙은 수행이나 공덕이 아닙니다.

살아있는 하나님의 말씀을 듣고 세상에 나가서 말씀으로 변화시키고 하나님의 나라 확장에 있음을 믿으시기 바랍니다.

3. 말씀을 사모하고 말씀에 생명을 걸어야 합니다.

저는 개인적으로 목회에서 제일 중요한 것이 무엇이라 묻는다면 주저 없이 '말씀'이라고 대답할 것입니다.

신앙생활에 있어서도 기도와 말씀입니다.

말씀과 기도는 기독교 신앙의 본질이기 때문입니다.

프로그램으로 하는 것이 얼마나 가겠습니까?

그러나 영원히 변함없고 천지가 없었을지언정 없어지지 아니하는 것이 무엇입니까?

말씀입니다.

하나님의 말씀은 변함없고 영원합니다.

본질을 잊어버려서는 안되겠습니다.

교회부흥은 살아있는 말씀에 있습니다.

말씀이 살아있을 때 부흥운동이 일어났습니다. 그 말씀이 매주마다 선포되어 갈 때 부흥이 일어납니다.

예수님의 말씀에 권세가 있었고 능력이 있었습니다.

말씀으로 죽은 자도 살리셨습니다.

베드로의 설교가 엄청난 초대교회 부흥을 가져왔습니다.

말씀을 사모하십시다.

말씀에 생명을 걸고 믿음으로 나아갈 때에 하나님의 역사와 기적, 교회 부흥을 경험하게 될 것입니다.

집중적인 기도에 기적이 일어난다.

열왕기상 18:41~46

엘리야가 아합에게 이르되 올라가서 먹고 마시소서 큰 비 소리가 있나이다 아합이 먹고 마시러 올라가니라 엘리야가 갈멜 산 꼭대기로 올라가서 땅에 꿇어 엎드려 그의 얼굴을 무릎 사이에 넣고 그의 사환에게 이르되 올라가 바다쪽을 바라보라 그가 올라가 바라보고 말하되 아무것도 없나이다 이르되 일곱 번까지 다시 가라 일곱 번째 이르러서는 그가 말하되 바다에서 사람의 손 만한 작은 구름이 일어나나이다 이르되 올라가 아합에게 말하기를 비에 막히지 아니하도록 마차를 갖추고 내려가소서 하라 하니라 조금 후에 구름과 바람이 일어나서 하늘이 캄캄해지며 큰 비가 내리는지라 아합이 마차를 타고 이스르엘로 가니 여호와의 능력이 엘리야에게 임하매 그가 허리를 동이고 이스르엘로 들어가는 곳까지 아합 앞에서 달려갔더라.

사도행전 2:42

그들이 사도의 가르침을 받아 서로 교제하고 떡을 떼며 오로지 기도하기를 힘쓰니라.

히브리서 11장 1~2절에 뭐라고 했습니까?

"믿음은 바라는 것들의 실상이요 보이지 않는 것들의 증거이니 선진들이 증거를 얻

무엇을 말합니까?

이미 믿음의 역사, 실상들이 선진들 즉 믿음의 사람들에 의해 이미 체험되었고 경험되어졌고 이미 검증이 되었다는 말씀입니다.

기도 특별히 집중적인 기도에 역사가 있고 기적이 있습니다.

부흥은 그야말로 기도의 역사에 있습니다.

기도에 기적이 있습니다.

집중적인 기도에 기적이 일어납니다.

1. 반드시 된다.

기도의 능력을 체험한 사람이나 하나님의 능력을 체험한 사람들에게는 공통점이 있습니다.

무엇입니까?

'반드시 된다'는 것입니다.

'주안에서 반드시 된다'는 것입니다.

이것이 믿음이죠.

예수님께서 말씀하시지 않았습니까?

"누구든지 이산더러 들리어 바다에 던져지라 그 말하는 것이 이루어질 줄 마음에 의심치 아니하면 그대로 되리라……"

무슨 말씀입니까?

산을 옮긴다는 것입니다. 그렇게 될 줄 믿고 의심치 아니하면 그대로 된다는 것입니다.

열왕기상 18장에 엘리야 선지자를 보시기 바랍니다.

3년 6개월 동안 비가 내리지 않아 산골짜기마다 모든 시냇물이 말랐습니다. 극심한 가뭄을 넘어 최악의 하나님의 경고입니다.

3년 6개월 동안 가뭄은 왕과 백성, 특별히 왕에게 내린 하나님의 최후의 경고였습니다. 그런데 왕이 깨닫지 못합니다. 왕이 깨닫지 못하기에 백성들이 고통을 당하고 있는 것입니다.

지도자를 잘 만나야 합니다.

최근 일본 아베 정권이 국민들의 의사를 무시하고 전범국가로서 회개와 반성하지 않고 평화헌법을 무너뜨리고 전쟁 가능한 나라 법을 통과시켰습니다.

잘못된 지도자를 만나면 이처럼 백성들이 고통을 당하고 전쟁이 일어나게 되는 것입니다.

엘리야 선지자 당시 아합 왕은 하나님께 악행을 저질렀던 악한 왕이었습니다.

그럼에도 불구하고 엘리야는 하나님께 기도합니다.

부르짖습니다.

"비를 달라고......"

간절히 기도했습니다.

엘리야는 하나님께 간절히 기도하면 비가 내릴 줄 믿었습니다.

간절하게 말입니다.

야고보서 5장 16절입니다.

"믿음의 기도는 병든 자를 구원하리니 주께서 그를 일으키시리라 혹시 죄를 범

2. 집중적인 기도에 전념했습니다.

사도행전 2장 42절에 '오직' 이란 말은 기도에 집중했다는 말씀입니다.

기도에 전념했다는 것입니다.

엘리야 기도제목은 한 가지입니다.

비를 구하고 있습니다.

사람들은 1년도 아니고 3년, 3년 6개월 동안 비가 오지 않는다 그러면 절망에 빠집니다. 이제 영원히 비가 오지 않나보다 낙심합니다.

이것이 엘리야 선지자와의 차이점입니다.

그는 만약 3년 6개월이 아니고 10년, 20년이라도 만군의 여호와께 비를 구하면 당장 주신다는 강한 믿음이 있었습니다. 그렇기에 그의 사환에게 기도한 후 산꼭대기에 올라가 바다 쪽을 바라보라고 했습니다. 징후가 있나 보라는 것입니다. 여러 번에 걸쳐 사환에게 명을 내립니다.

사환은 엘리야 선지자에게 "아무것도 없나이다" 대답했습니다.

일곱 번째 기도 후 엘리야는 사환에게 똑같이 명령을 내립니다. 사환이 이번에 와서는 엘리야 선지자에게 "사람의 손만한 구름이 일어나나이다"

기적이 일어났습니다.

사랑하는 성도 여러분!

여러분에게 기도제목이 있습니까?

간절한 마음으로 집중적인 기도할 때에 기적이 일어남을 믿으시기 바랍니다.

3. 기적이 일어납니다.

기적이 일어납니다.

부흥이 일어납니다.

사도행전 2장은 성령강림의 역사를 보여주고 있습니다.

예수님 말씀처럼 몇 날이 못 되어 위로부터 성령의 역사들이 일어났습니다.

성령 받은 베드로가 일어나 회개하고 예수그리스도의 이름으로 세례를 받을 것을 권하자 3천명의 무리들이 세례를 받고 성도가 되었습니다. 그 후 사도행전 4장에는 남자만 5000명이 하나님의 말씀을 듣고 회심하는 내용입니다.

성령 강림의 역사 배후에도 "그들이 오로지 기도하기에 힘썼다"는 것입니다.

사도행전 2장 42절입니다.

"그들이 사도의 가르침을 받고 서로 교제하고 떡을 뗄며 오로지 기도하기를 힘쓰니라"

집중적인 기도에 기적이 일어납니다.

부흥이 일어납니다.

이 말씀에 결단하고 기도에 전념함으로 하나님의 놀라운 축복과 기적을 경험하시기를 바랍니다.

오직 전도로 승부하라

마가복음 1:32~39

저물어 해 질 때에 모든 병자와 귀신 들린 자를 예수께 데려오니 온 동네가 그 문 앞에 모였더라 예수께서 각종 병이 든 많은 사람을 고치시며 많은 귀신을 내쫓으시되 귀신이 자기를 알므로 그 말하는 것을 허락하지 아니하시니라 전도 여행을 떠나시다 새벽 아직도 밝기 전에 예수께서 일어나 나가 한적한 곳으로 가사 거기서 기도하시더니 시몬과 및 그와 함께 있는 자들이 예수의 뒤를 따라가 만나서 이르되 모든 사람이 주를 찾나이다 이르시되 우리가 다른 가까운 마을들로 가자 거기서도 전도하리니 내가 이를 위하여 왔노라 하시고 이에 온 갈릴리에 다니시며 그들의 여러 회당에서 전도하시고 또 귀신들을 내쫓으시더라.

고린도전서 9:16~17

내가 복음을 전할지라도 자랑할 것이 없음은 내가 부득불 할 일임이라 만일 복음을 전하지 아니하면 내게 화가 있을 것이로다 내가 내 자의로 이것을 행하면 상을 얻으려니와 내가 자의로 아니한다 할지라도 나는 사명을 받았노라.

물질문명이 오히려 복음을 전파하는 데 많은 어려움을 겪을 수 있었습니다.

사랑하는 성도 여러분!

여기에 A집단, B집단이 있습니다.

A집단은 지금 대한민국의 보통 사람들이고, B집단은 예를 들어 필리핀의 가난하고 순진한 사람들입니다.

A집단, B집단 각각 100명의 사람들이 있다고 가정해 보겠습니다.

만약 우리가 복음을 전하고 전도한다면 어느 집단에서 회심의 역사들이 많이 일어날까요?

여러분 어떻게 생각하세요?

필리핀에 나가있는 선교사들의 이야기를 들어보면 한국과 달리 복음을 전하고 전도하는 것이 그리 어렵지 않다고 이야기를 합니다. 아직도 필리핀에는 인구 5천명, 만 명이 있는 데, 교회가 없는 곳이 많다고 합니다.

우리 교회가 사람들은 많은 데 교회가 없는 곳에 교회를 세웠으면 좋겠습니다.

1. 예수님이 오신 이유입니다.

예수님께서 제자들과 함께 전도할 때에 친히 이 일을 이루기 위해 오셨다고 말씀하셨습니다.

교회 본질의 알파와 오메가는 영혼구원, 복음전파입니다. 복음전파를 통해 영혼들을 구원하고 아버지의 뜻을 이루고 예수님의 오신 이유를 나타내는 것입니다.

아버지의 뜻이 무엇입니까?

디모데전서 2장 4절입니다.

"하나님은 모든 사람이 구원을 받으며 진리를 아는 데에 이르기를 원하시느니라"

복음은 예수님을 나타내는 것입니다.

예수님께서 귀신들을 쫓으시며 병자들을 치료하시면서 이런 이적과 기적을 경계하셨습니다.

성경을 읽어볼까요?

마가복음 1장 34절입니다.

"예수께서 각종 병이 든 많은 사람들을 고치시며 많은 귀신을 내쫓으시되 귀신이 앞으로 그 말하는 것을 허락하지 아니하시니라"

한 구절 더 봅니다. 마가복음 1장 44절 함께 읽습니다.

"이르시되 삼가 아무에게 아무 말도 하지 말고 가서 네 몸을 제사장에게 보이고 네가 깨끗하게 되었으니 모세가 명한 것을 드려 그들에게 입증하라 하셨더라"

먼저는 예수님께서 겸손을 드러내신 점도 있지만 그것보다도 그 이적과 기적으로 인하여 예수님의 구속 구원의 역사가 가려져서는 안 된다는 것입니다.

우리 주위에 간혹 은사, 은사진리, 신유 등 하시는 분들이 계시는데 치료가 일어나고 기적이 일어나는 것도 좋습니다만 '예수님을 드러내야지' 다른 것 즉, 사람이나 사역자의 능력이나 다른 것이 드러나서는 안된다는 것입니다.

2. 전도의 전략방법으로 2, 3명이 1조 되어 전도하라

담력이 강하고 복음전도의 강한 은사를 받은 사람은 혼자 전도해도 좋습니다. 그러나 가능하면 최소 2명, 3명이 1조 되어 전도하는 것이 좋습니다.

왜 그렇습니까?

전도는 영적인 전투이기 때문입니다.

전투나 전쟁은 군대에서 행하는 일들입니다.

군대는 조직들이 있습니다.

전투를 할 때 반드시 분대 단위는 10명으로 소대단위 30명 한꺼번에 몰려다니는 것이 아니라 소규모로 맡은바 수색활동을 합니다. 적국을 향해 나아갈 때 여러 명이 뒤에서 엄호 사격해 주고 목표지점을 타격해 가는 것입니다.

3명 1조 전도전략은 이단들이 많이 활용하고 있습니다.

교회에서도 전도특공대 조직을 활성화하여 초신자들을 초청한다면 전도의 열매를 맺게 될 것입니다.

마태복음 10장은 제자도에 관한 말씀이 나옵니다.

예수님의 전도전략으로 누가복음 10장에는 70인 전도자를 세우고 둘씩 파송하는 내용이 나옵니다.

혼자씩 보내지 아니하시고 둘이 한 조로 이루어 파송하셨습니다. 어떤 면에서 예수님은 제자들이 홀로서기 위해 전도훈련을 시키고 있는 것입니다.

전도는 영적 싸움이기에 혼자서는 감당하기 어려울 수가 있습니다. 이런 좋은 전략들이 이단이나 사이비종교에서 행해지는 것들이 매우 아쉽습니다.

둘이 한 조 이루어 전도하고 복음을 전한다면 보완 상호작용의 희망이 보입니다. 만약 3명이라면 1명은 뒤에서 영적으로 기도하며 1명은 전도하고, 1명은 보조하며 필요한 것들을 나누어 준다면 성공적인 전도전략이라 믿어 의심치 않습니다.

예수님께서 둘씩 보내면서 둘씩 파송하면서 몇 가지 교훈의 말씀들이 있습니다.

"추수하는 주인에게 청하여 추수할 일꾼들을 보내주소서 하라"(마태복음 9:38)

추수하는 주인은 누구입니까?
야훼 하나님입니다.
전능하신 주님이십니다.

"너희를 보냄이 어린양을 이리 가운데로 보냄과 같도다"(마태복음 10:16)

어린양은 누구입니까?
예수님을 믿는 사람입니다. 구체적으로는 전도자들입니다. 어린양은 이리
의 밥입니다.
그래서 무엇이 필요합니까?
기도도 해야 하고 무엇보다 지혜가 필요합니다.
마태복음 10장16절을 함께 읽습니다.

"보라 내가 너희를 보냄이 양을 이리 가운데로 보냄과 같도다 그러므로 너희는
뱀같이 지혜롭고 비둘기같이 순결하라"

하나님께 지혜를 구하고 성공적인 복음전파, 전도를 이루시기 바랍니다.

3. 전도자에게 반드시 상급이 있습니다.

여러분 예수님을 평생 동안 믿고 충성한 사람과 불과 몇 시간 만에 믿고
구원받은 사람의 상급이 같습니까?
아니요.

엄청난 차이가 있습니다.

로마서 10장 13절 말씀처럼 "누구든지 주의 이름을 부르는 자는 구원을 얻으리라" 말씀하셨습니다. 구원을 받았지만 상급은 다릅니다.

그렇게 말하는 사람들이 종종 있습니다. 어차피 구원받은 거 죽기 직전에 믿으면 되지 않겠느냐?

아닙니다. 생명은 하나님의 것이기 때문에 우리의 인생이 언제 어떻게 될지 모르는 것입니다.

다니엘 12장 3절입니다.

"지혜 있는 자는 궁창의 빛과 같이 빛날 것이요. 많은 사람을 옳은 데로 돌아오게 하는 자는 별과 같이 영원토록 비취리라"

디모데후서 4장 7~8절입니다.

"나는 선한 싸움을 다 싸우고 달려갈 길을 마치고 믿음을 지켰으니 이제 후로는 나를 위하여 의의면류관이 예비되었으므로 주 곧 의로우신 재판장이 그 날에 내게 주실 것이며 내게만 아니라 주의 나타나심을 사모하는 모든자에게도니라"

교회부흥은 오직 기도, 오직 말씀 더 나아가서 때를 얻든지 못 얻든지 복음전도도 승부해야 합니다.

왜 전도해야 합니까?
예수님 오신 이유입니다.
예수님은 이 세상 영혼구원을 위해서 오셨습니다.

전도전략방법으로 2~3명이 한 조 되어 열정적인 전도를 해야 합니다.

하나님은 전도한 자에게 엄청난 상급을 약속하셨습니다.

사도바울이 기대했던 의의면류관이 저와 여러분에게 주실 것을 소망하며 믿음으로 승리해 나가시기 바랍니다.

인내의 승리

야고보서 1:2~4

　내 형제들아 너희가 여러 가지 시험을 당하거든 온전히 기쁘게 여기라 이는 너희 믿음의 시련이 인내를 만들어 내는 줄 너희가 앎이라 인내를 온전히 이루라 이는 너희로 온전하고 구비하여 조금도 부족함이 없게 하려 함이라.

　언젠가 어느 목사님의 설교가 아직도 기억에 남아 있습니다.

　그 내용은 다음과 같습니다.
　목사님의 기도제목이 신유은사를 받는 것이었습니다.
　그런데 평범한 목회를 하면서도 성도들의 아픔에 기도하면 낫는다는 믿음으로 수년을 기도해도 목사님의 기도제목 신유의 은사가 나타나지 않았습니다.
　실망이 있었지만 이 목사님은 좌절하지 않고 평생기도제목에 계속 기도했습니다.
　"어느 순간에 주님께서 주실 것이다"
　그런 일념 말입니다.

그 기도를 시작한지 30년이 지난 어느 날 이 목사님의 사모님이 중병에 걸렸습니다. 병원에 가서 진료를 해 보았는데도 좀처럼 낫지를 않았습니다. 마치 불치병 같은 것이었습니다.

이 목사님은 아픈 아내를 위해서 손을 얹고 계속해서 기도했고 어느 날 아내의 아픈 부위에 손을 얹고 기도하는 데 마치 손이 감전된 것 같은 느낌이 오면서 병원에서 치료하지 못한 병이 치료되었음을 믿으시기 바랍니다.

기적이 일어났습니다.

그 후 이 목사님 은퇴하실 때까지 어마어마한 신유의 역사가 나타났다라는 말씀을 들은 적이 있습니다.

무엇을 말씀합니까?

인내의 기도의 중요성입니다.

인내 없이는 승리할 수 없습니다.

인내 없이는 성공을 거둘 수가 없습니다.

인내 없이는 하나님의 축복을 기대할 수 없습니다.

아브라함도 그렇습니다.

창세기 12장에 하나님께서 아브람을 부르십니다.

고향, 친척, 아버지 집을 떠나 네게 보여줄 땅으로 가라 했습니다. 너로 큰 민족을 이루고 내 이름을 창대케 할 것이리니 너는 복의 근원이 된다고 축복하셨습니다.

이 때 아브라함에게는 자식이 없었습니다. 그런데 하나님께서 '너'로 큰 민족을 이루고 때때로 하나님께서 나타나셔서 바다의 모래알처럼, 밤하늘의 수많은 별처럼 민족을 창성케 하신다 했습니다.

아브라함에게 당장 급한 것은 아들 하나 있는 것이 더 급한 상황입니다.

하나님께서 말씀으로 약속하지 않았습니까?

그러나 1년, 5년이 지나고 10년이 지나도 아무 소식이 없습니다.

아브라함이 부르심을 받은 나이도 75세이고, 아내 사라와의 나이 차이도 10세 가량 됩니다. 10년이 지나도 아무 소식이 없으니 사라의 극성에 결국 하갈을 통해 이스마엘을 낳게 됩니다.

기다리지 못해 결국 오늘날 중동문제의 씨앗이 된 것입니다.

그 후 25년 만에 하나님께서 약속의 자녀 이삭을 얻게 됩니다.

무엇을 말씀합니까?

인내의 중요성입니다.

그래서 성격, 기질로 볼 때 인내의 기질이 있는 사람이 성공합니다. 인내의 기질이 있는 사람이 승리할 수 있음을 성경은 분명하게 말씀해주고 있습니다.

1. 온전히 기쁘게 여기라.

왜 기쁘게 여기라는 것입니까?

시험이 왔을 때, 시련이 왔을 때 기쁘게, 감사함으로 여기라는 것입니다.

하나님의 축복이 기다리고 있기 때문입니다.

로마서 8장 18절에 말씀하고 있지 않습니까?

"생각하건대 현재의 고난은 장차 우리에게 나타날 영광과 비교할 수 없도다"

성경 말씀에 온전히 기쁘게 여기라

왜요?

내 믿음, 내 인내는 검증할 수 있는 기회라는 것입니다.

학생들이 학교에서 중간고사, 기말고사 시험을 봅니다.
철저히 준비한 사람은 어떻습니까?
자신감이 넘칩니다.
시험이지만 '그 까짓 것'하면서 당당히 시험을 치고 좋은 성적을 거두게 됩니다.
신앙생활도 마찬가지입니다.
불같은 시험이 왔다 하더라도 신앙으로 잘 무장하고 기도로 무장하는 사람에게는 오히려 기쁨의 기회가 된다는 것입니다.
"내가 예수님을 얼마나 사랑하는 지 시험과 시련을 통해 보여줄 수 있기 때문입니다."
오히려 시험이나 시련이 '믿음'과 '인내'를 검증기회가 될 수 있습니다.

2. 인내를 만들어 준다.

신앙생활 하면서 기도생활에 답답할 때가 있습니까?
하나님께 이렇게 많이 기도했는데 응답도 없는 것 같고, 정반대의 일들이 벌어진다면 얼마나 속상하겠습니까?
30년 동안 신유능력을 위해 기도한 목사님도 얼마나 답답했겠습니까?
어떨 때는 목회자이지만 하나님은 살아계시는가? 그런 마음도 들지 않았겠습니까?
아브라함도 마찬가지입니다.
25년이 작은 세월이 아니지 않습니까?
인내를 이루어야 합니다.

시련과 시험이 오히려 인내를 더욱 강하게 만들어준다는 말씀을 기억하시기 바랍니다.

야고보서 1장 3절을 천천히 읽겠습니다.

"이는 너희 믿음의 시련이 인내를 만들어 내는 줄 너희가 앎이라"

3. 조금도 부족함이 없게

무슨 말씀입니까?

우리 하나님께서 다 채워주시고 축복해 주신다는 것입니다.

궁극적으로 인내한 자에게, 시험을 이긴 자에게 하나님께서 약속하신 생명의 면류관을 얻게 된다는 것입니다.

아브라함이 100살에 이삭을 얻은 기쁨이 어떠했을까요?

입 꼬리가 눈까지 올라갔을 것입니다. 신기하고 신기했을 것입니다. 인내를 다한 후에 기쁨이 그렇습니다.

30년이 지나서 신유의 능력을 얻어 중병 앓은 아내를 치유하고 아픈 성도들의 치료한 후의 기쁨이 어떠했을까?

이루 말할 수 없는 기쁨이 몰려왔을 것입니다.

시련이나 시험을 온전히 기쁨으로 받아들이고 환영해야 합니다.

강한 인내를 만들어 줍니다.

조금도 부족함이 없게!

장차 저와 여러분에게 나타날 영광의 기쁨을 믿음으로 바라보며 인내하여 버티며 승리의 기쁨을 누리는 인생들이 되시기 바랍니다.

목표가 분명한 사람이 성공한다.

창세기 37:1~11

요셉이 꿈을 꾸고 자기 형들에게 말하매 그들이 그를 더욱 미워하였더라 요셉이 그들에게 이르되 청하건대 내가 꾼 꿈을 들으시오 우리가 밭에서 곡식 단을 묶더니 내 단은 일어서고 당신들의 단은 내 단을 둘러서서 절하더이다 그의 형들이 그에게 이르되 네가 참으로 우리의 왕이 되겠느냐 참으로 우리를 다스리게 되겠느냐 하고 그의 꿈과 그의 말로 말미암아 그를 더욱 미워하더니 요셉이 다시 꿈을 꾸고 그의 형들에게 말하여 이르되 내가 또 꿈을 꾼즉 해와 달과 열한 별이 내게 절하더이다 하니라 그가 그의 꿈을 아버지와 형들에게 말하매 아버지가 그를 꾸짖고 그에게 이르되 네가 꾼 꿈이 무엇이냐 나와 네 어머니와 네 형들이 참으로 가서 땅에 엎드려 네게 절하겠느냐 그의 형들은 시기하되 그의 아버지는 그 말을 간직해 두었더라.

디모데후서 4:7~8

나는 선한 싸움을 싸우고 나의 달려갈 길을 마치고 믿음을 지켰으니 이제 후로는 나를 위하여 의의 면류관이 예비되었으므로 주 곧 의로우신 재판장이 그 날에 내게 주실 것이며 내게만 아니라 주의 나타나심을 사모하는 모든 자에게도니라.

요셉이 많은 고난에도 불구하고 살아남을 수 있었던 이유가 무엇입니까? 그 이유는 오늘 본문에 기록된 그의 꿈, 그의 삶의 목표였습니다.

꿈과 목표를 잃어버리지 않는 한 반드시 길이 있고 성공할 수 있으며 승리할 수 있음을 믿으시기 바랍니다.

나치독일의 처참한 유대인 수용소에 대해 우리가 익히 알고 있습니다.

이 유대인 수용소에 대한 사실을 관찰하고 기록한 프랑클 박사는 그의 저서 '의미를 찾는 사람의 탐색'이라는 책에서 이렇게 결론을 내렸습니다.

"마음으로 포기한 사람은 몸도 곧 쇠약해졌다. 그러나 소망을 가진 사람은 어려운 처지에 상관없이 자신은 물론 절망에 허덕이는 다른 사람들까지 격려하여 몸과 마음이 함께 건강해져서 끝까지 살아남을 수 있었다."

소망이 있는 사람은 쉽게 넘어지지 않습니다.

목표가 분명한 사람은 반드시 성공합니다.

꿈이 있는 사람은 어떤 역경 속에서 고난을 이기고 하나님께서 주실 엄청난 축복을 받을 수 있음을 믿으시기 바랍니다.

옛날 사람들은 꿈을 '앞날'을 뜻하는 것으로 생각했습니다. 오늘날처럼 한 순간에 없어지는 거품이 아니라 인생의 앞날을 뜻했습니다.

그러니까 요셉의 꿈은 어떤 면에서 이루어지도록 되어 있었습니다.

성경이 말씀하고 있지 않습니까?

"그의 형들은 시기하되 그의 아버지는 그 말을 간직해 두었더라"(창세기 37:11)

야곱은 아들이 꾼 꿈들로 인해 형제간에 의리가 상할 수 있으니 야단치고 언짢았지만 아버지 야곱은 그의 꿈을 이룰 것으로 보고 있습니다.

개인의 성공에도 이처럼 목표가 분명해야 합니다.

눈이 초점이 있어야 하고 그러할 때에 열정도 나타나게 됩니다.

미국에 유명한 '힐튼' 고급호텔이 있습니다.
우리나라에도 서울 홍은동에도 멋진 힐튼호텔이 있는 것을 보았습니다.
그런데 그 호텔이 생겨나게 된 배경이 있습니다.
옛날 미국 텍사스 주의 어떤 작은 호텔에서 일하던 '힐튼'이라는 소년이 어느 날 신문에 거대한 빌딩의 사진을 보고 그 빌딩의 사진을 오려서 자기가 자는 침대 머리맡에 붙어 놓았습니다.
콘래드 힐튼은 아주 가난한 집의 아들로 태어났습니다. 아버지가 떠돌아 다니는 행상인이었기 때문에 저녁이 되면 잠자리가 제일 불편했습니다.
어느 날 돌아가신 어머님의 생각이 간절했고 어머니의 무릎 위에서 듣던 성경구절이 생각났습니다.
"믿음은 바라는 것들의 실상이요 보이지 않는 것들의 증거이니"(히브리서 11:1)
거대한 빌딩의 사진을 보면서 '나도 이러한 빌딩을 건축할 수 있다'라는 비전을 가지고 생활했습니다.
성경말씀대로 "믿음은 바라는 것들의 실상이라고 했는데…"
호텔사업을 해보고 싶다고 그는 기도하기 시작했습니다.
오직 믿음, 오직 기도로 노력한 끝에 이루어진 것이 오늘날의 힐튼호텔입니다.

하나님의 말씀을 붙들고 인생의 꿈과 목표를 가지고 나갈 때에 큰 성공을 이루었습니다.

1. 원대한 목표의 꿈을 그리라

여러분의 꿈은 무엇입니까?

여러분의 인생의 목표는 무엇입니까?

오늘 성경에 나오는 요셉의 꿈은 기가 막힌 것이었습니다. 한 나라의 주권도 없던 시기에 요셉은 엄청난 꿈을 꾸었습니다.

그 꿈을 부모님과 이복형제들에게 이야기를 하니 기가 막힐 노릇이 아니겠습니까?

그렇지 않아도 이복형제들이 아버지 야곱이 노년에 낳은 아들 요셉만 사랑하고 편애하는 것에 대해서 이복형제들이 시기, 질투하고 있었습니다.

창세기 37장 3절에 아버지 야곱이 요셉을 더 사랑하므로 채색 옷을 입혔습니다.

채색 옷은 소매가 달리고 복사뼈까지 닿는 긴 옷인데 사무엘하 13장 18절에 의하면 공주가 입는 옷과 같은 옷이었습니다.

이런 상황들 속에 요셉의 꿈은 시기, 질투, 미움의 절정을 이루게 된 것입니다. 이것이 계기가 되어 요셉이 죽을 뻔했고 인신매매로 팔려가고 이루 말할 수 없는 고난의 역사를 경험하게 됩니다.

고난의 고비 때마다 요셉은 좌절하지 않았습니다. 하나님께서 자신에게 보여주신 꿈이 있었기 때문입니다.

사랑하는 성도 여러분!

여러분의 인생에 승리하기를 원하십니까?

하나님의 축복을 기대하십니까?

원대한 목표의 꿈을 마음속에 간직하시기를 바랍니다.

2. 기도로 성공(승리)의 기질로 바꾸라

여러분 보세요.

똑같은 아버지 아래에서 12명의 형제들이 있는데 꿈을 꾸고 원대한 비전을 가진 사람은 단 한 사람 누구입니까?

요셉이었습니다.

다른 형제들은 똑 같은 상황 속에서 꿈도 없었고 목표도 없었습니다. 되는 대로 사는 인생입니다. 풍년이 오면 그럭저럭 살아가고 그야말로 흉년이 왔을 때는 애굽에 곡식을 빌려가는 인생이었습니다.

제가 TV에 시청하는 프로그램 중 EBS에서 방영하는 '극한직업'이라는 프로그램을 종종 봅니다.

거기에 나오는 직업자체가 아주 힘들게 직업을 가지고 일하는 사람들입니다. 그리고 성실하게, 열심히 일하는 사람들입니다.

그런데 아쉬운 한 가지가 있습니다.

거의 대부분의 사람들이 인터뷰에 임하는데 힘들지 않냐 물어보면 한결같이 이렇게 대답합니다.

"목구멍이 포도청이라 힘들어도 어떡해요. 먹고 살기 위해 일합니다."

틀린 말이 아닙니다만 극한직업의 경험을 통해서 성공의 의지가 강하지 않음을 느꼈습니다.

우리가 이런 유형의 사람들을 뭐라고 합니까?

평범한 사람들입니다.

대부분의 사람들이 이렇게 살아가고 있습니다. 요셉의 형제들도 이렇게 살아가고 있습니다.

그러나 요셉은 남달랐습니다. 인생의 목표의지가 강했습니다. 꿈에 대한 도전이 강했습니다. 그랬기에 그는 결국 애굽 제국의 2인자 총리가 될 수 있었습니다.

사도바울이 그랬습니다.

디모데후서 4장 8절입니다.

"이제 후로는 나를 위하여 의의면류관이 예비되었으므로 주 곧 의로우신 재판장이 그 날에 내게 주실 것이며 내게만 아니라 주의 나타나심을 사모하는 모든 자에게도니라"

열정기질이 있어야 합니다. 그래야 승리할 수 있습니다. 성공할 수 있습니다. 하나님의 축복을 받을 수 있습니다. 그 기질이 부족하다면 기도할 수밖에 없습니다. 그 기질로 변화시켜 달라고 기도해야 합니다.

기도로 성공의 기질, 승리의 기질로 바꾸어 나가시기 바랍니다.

3. 목표에 올인(All-In)했습니다.

하나님의 축복을 경험했던 대다수의 믿음의 사람들의 공통점이 무엇이냐?

목표가 분명했고 열화와 같은 소원, 소망을 가졌으며 그 목표에 올인을 했다는 것입니다.

인생의 성공이나 교회부흥도 마찬가지입니다.

당장 눈에 나타나지 않는다고 포기해서는 안됩니다. 물론 가만히 있으라는 말은 아닙니다. 기도해야 하고 열심히 전도해야 하며 복음전파 해야 합니다.

무엇을 향해서?

사도바울은 의의면류관을 기대했습니다.

의의면류관은 달음질에서 승리한 사람에게 수여하는 면류관입니다.

원대한 목표의 꿈을 가져야겠습니다.

기도로 성공의 기질을 바꾸어야 합니다.

목표에 올인해야 합니다.

요셉처럼 사도바울처럼 하나님께서 여러분에게 주신 하나님의 축복의 목표를 성취해 나가시기 바랍니다.

제 3 부

기도응답의 비결

기도의 거장 엘리야(열왕기상 8:26~40)

히스기야의 기도(이사야 38:1~8)

염려 대신 기도를(마태복음 6:25~34)

야베스의 기도(역대상 4:9~10)

모세의 기도(민수기 14:13~19)

다니엘의 기도(다니엘 6:1~18)

이방선교의 문을 연 고넬료의 기도(사도행전 10:1~16)

기도응답의 비결(열왕기상 18:41~46)

믿음의 거장 아브라함(히브리서 11:8~12)

기도의 거장 엘리야

엘리야가 바알의 선지자들에게 이르되 너희는 많으니 먼저 송아지 한 마리를 택하여 잡고 너희 신의 이름을 부르라 그러나 불을 붙이지 말라 그들이 받은 송아지를 가져다가 잡고 아침부터 낮까지 바알의 이름을 불러 이르되 바알이여 우리에게 응답하소서 하나 아무 소리도 없고 아무 응답하는 자도 없으므로 그들이 그 쌓은 제단 주위에서 뛰놀더라 정오에 이르러는 엘리야가 그들을 조롱하여 이르되 큰 소리로 부르라 그는 신인즉 묵상하고 있는지 혹은 그가 잠깐 나갔는지 혹은 그가 길을 행하는지 혹은 그가 잠이 들어서 깨워야 할 것인지 하매 이에 그들이 큰 소리로 부르고 그들의 규례를 따라 피가 흐르기까지 칼과 창으로 그들의 몸을 상하게 하더라 이같이 하여 정오가 지났고 그들이 미친 듯이 떠들어 저녁 소제 드릴 때까지 이르렀으나 아무 소리도 없고 응답하는 자나 돌아보는 자가 아무도 없더라 엘리야가 모든 백성을 향하여 이르되 내게로 가까이 오라 백성이 다 그에게 가까이 가매 그가 무너진 여호와의 제단을 수축하되 야곱의 아들들의 지파의 수효를 따라 엘리야가 돌 열두 개를 취하니 이 야곱은 옛적에 여호와의 말씀이 임하여 이르시기를 네 이름을 이스라엘이라 하리라 하신 자더라 그가 여호와의 이름을 의지하여 그 돌로 제단을 쌓고 제단을 돌아가며 곡식 종자 두 세아를 둘 만한 도랑을 만들고 또 나무를 벌이고 송아지의 각을 떠서 나무 위에 놓고 이르되 통 넷에 물을 채워다가 번제물과 나무 위에 부으라 하고 또 이르되 다시 그리하라 하여 다시 그리하니 또 이르되 세 번째로 그리하라 하여 세 번째로 그리하니 물이 제단으로 두루 흐르고 도랑에도 물이 가득 찼더라 저녁 소제 드릴 때에 이르러 선지자 엘리야가 나아가서 말하되 아브라함과 이삭과 이스라엘의 하나님 여호와여 주께서 이스라엘 중에서 하나님이신 것과 내가 주의 종인 것과 내가 주의 말씀대로 이 모든 일을 행하는 것을 오늘 알게 하옵소서 여호와여 내게 응답하옵소서 내게 응답하옵소서 이 백성에게 주 여호와는 하나님이신 것과 주는 그들의 마음을 되돌이키심을 알게 하옵소서 하매 이에 여호와의 불이 내려서 번제물과 나무와 돌과 흙을 태우고 또 도랑의 물을 핥은지라 모든 백성이 보고 엎드려 말하되 여호와 그는 하나님이시로다 여호와 그는 하나님이시로다 하니 엘리야가 그들에게 이르되 바알의 선지자를 잡되 그들 중 하나도 도망하지 못하게 하라 하매 곧 잡은지라 엘리야가 그들을 기손 시내로 내려다가 거기서 죽이니라.

성경에 죽음을 보지 않고 하늘로 승천한 사람이 있습니다.

구약 성경에서는 에녹과 엘리야 선지자입니다. 하나님의 은혜요 초자연적 기적입니다.

신약성경에서는 세상의 메시야로 오신 예수님, 예수님은 죽은 지 3일 만에 부활하셔서 40일 세상에 있는 동안 여러 기적과 사역을 하시다가 감람산에서 수많은 제자들이 지켜보는 가운데 승천하셨습니다.

두 명의 천사들은 예수님에 대해서 말합니다.

"너희 가운데서 하늘로 올리우신 이 예수는 하늘로 가심을 본 그대로 오시리라"(사도행전 1:11)

엘리야 선지자는 북 이스라엘 7대 왕인 아합왕 때 나타난 선지자입니다.

영적으로 암흑기였습니다.

두로와 시돈출신인 왕비 이세벨이 왕비가 되면서 자기네 나라 우상 바알을 가지고 들어와서 온 나라가 우상숭배로 들끓었습니다. 북이스라엘 백성들은 하나님의 신앙이 흔들리고 우상에 많이 빠져 있었습니다.

이제 북이스라엘에서는 여호와 하나님의 신앙이 희미해지고 여호와의 신앙이 끝나는 줄 알았습니다.

그런 암흑기에 나타난 선지자가 바로 엘리야입니다.

그러니까 부흥이 안된다고, 한국교회가 소망이 없다고 낙심해서는 안된다는 것입니다.

하나님은 그때나 지금이나 영원토록 살아계시며 우리의 영혼이 낙심될 때에 큰 소망과 기쁨을 주시는 분이심을 믿으시기 바랍니다.

본문성경의 말씀을 보면 엘리야 선지자의 담력이 뛰어납니다.

갈멜산에서 바알 선지자 450명과 하나님의 선지자 엘리야 1명이 영적 전쟁을 하고 있습니다.

"불로 응답하시는 그가 하나님이시다"

인간적으로 볼 때 엘리야 선지자는 어느 누구도 그의 편이 아니었습니다.

아합왕, 이세벨, 백성들이 모두 우상숭배 선지자 편이었습니다. 거기에다가 바알 선지자들이 무려 450명이나 되어 말입니다.

사람의 힘으로는 참패입니다. 이길 수가 없습니다.

바알 선지자 뒤에는 강력한 아합왕의 왕비 이세벨의 엄청난 후원이 있었습니다.

엘리야 선지자는 바알 선지자 450명을 향해 말합니다.

"너희는 너희 왕의 이름을 부르라 나는 여호와의 이름을 부르리니 이에 불로 응답하시는 그가 하나님이니라 백성이 다 대답하되 그 말이 옳도다"(열왕기상 8:24)

엘리야 선지자는 먼저 바알 선지자들에게 기회를 주었습니다.

너희들이 인원이 많으니 먼저 송아지 한 마리를 택하여 걷고 너희 신의 이름을 부르라 그러나 불을 붙이지 말라.

바알 선지자들은 아침부터 낮까지 바알의 이름을 부르며 응답하소서 했지만 아무 소리도 없고 아무 응답도 없었습니다.

왜요?

죽은 신이기 때문입니다.

마리아상이나 불상 앞에 아무리 소리쳐도 아무 응답이 없습니다.

왜요?

죽은 우상이기 때문입니다.

사람이 만들어 놓은 우상이지 않습니까?

그러니까 엘리야 선지자가 정오에 이르되 그들을 조롱하여 큰 소리로 신의 이름을 부르라 했으나 아무 소리도 없었습니다.

그들은 규례에 따라 피를 흐르기까지 칼과 창으로 자해했으나 저녁까지 아무 소리도 없고 응답하는 자도 없고 아무 돌아보는 자도 없었습니다.

이제 엘리야 선지자의 차례였습니다.

이스라엘 백성들을 가까이 오라 하고 먼저 무너진 여호와의 제단을 수축했습니다.

'수축 하다'는 말은 고쳤다는 의미입니다.

먼저 돌로 제단을 쌓고 도량을 팠습니다.

"그가 여호와의 이름을 의지하여"(열왕기상 18:32)

나무를 벌이고 송아지의 각을 떠서 나무 위에 올라 놓았습니다.

그리고 통 넷에 물을 채워다가 번제물과 나무 위에 부으라 하면서 세 번씩이나 부으라고 합니다. 그러니까 물이 제단에도 두루 흐르고 도량에도 물이 가득 찼다는 말씀입니다.

물을 가득 채운 목적은 인공적으로 그 단에 불을 붙을 수 없음을 증명하기 위해서입니다.

엘리야 선지자는 거기 둘러서 있는 백성들로 하여금 이렇게 하나님의 기적 외에는 아무것도 기대할 수 없음을 만들어 놓은 것입니다.

저녁 소제 드릴 때에 엘리야는 다음과 같이 기도했습니다.

기도 내용입니다.

열왕기상 18장 36~37절입니다.

"저녁 소제 드릴 때에 이르러 선지자 엘리야가 나아가서 말하되 아브라함과 이삭과 이스라엘의 하나님 여호와여 주께서 이스라엘 중에서 하나님이 되심과 내가 주의 종인 것과 내가 주의 말씀대로 이 모든 일을 행하는 것은 오늘 알게 하옵소서 여호와여 내게 응답하옵소서 내게 응답하옵소서 이 백성에게 주 여호와는 하나님이신 것과 주는 그들의 마음을 되돌이킴을 알게 하옵소서 하매"

엘리야 선지자는 3가지 핵심기도를 했습니다.
첫째, 그는 언약의 하나님을 믿고 찾고 있습니다.
둘째. 엘리야는 여호와께서만 참 하나님이신 사실과 자기가 그의 종이라는 사실을 백성들에게 알게 하여 주시기를 구했습니다.
셋째. 이스라엘 백성이 회개하고 여호와께로 돌아올 수 있도록 간구하고 있습니다.

하나님의 응답이 어떻게 나타났습니까?
열왕기상 18장 38절 입니다.

"이에 여호와의 불이 내려서 번제물과 나무와 돌과 흙을 태우고 또 도랑의 물을 핥은 지라"

도랑의 물을 다 태웠다는 것입니다.
갈멜산에서 영적 전쟁이 주는 교훈이 있습니다.

1. 영적 암흑기에도 '하나님은 살아계시다'

무슨 말씀입니까?
모든 소망이 하나님께 있습니다.

영적 암흑기에 엘리야 선지자를 통해 우상숭배로 찌든 이스라엘 백성들에게 영적 대각성을 보여주고 있습니다.

영적 전쟁을 통해서 이스라엘 백성들이 하나님의 살아계심을 눈으로 직접 목격하고 두려움과 경외하는 마음을 갖게 되었다는 것입니다.

엘리야 선지자를 보시기 바랍니다.

사람의 수와 권세, 물질에 전혀 꿈쩍하지 않습니다.

담대함과 믿음의 담력으로 수많은 바알 선지자를 호령하고 불신하는 아합왕과 이세벨을 회개를 촉구하고 호통을 치는 것을 볼 수 있습니다.

열왕기상 18장 17절에 아합왕이 엘리야 선지자에게 이렇게 표현합니다.

"이스라엘을 괴롭게 하는 자여"

이에 엘리야 선지자는 아합왕을 향해 대답합니다.

"그가 대답하되 내가 이스라엘을 괴롭게 한 것이 아니라 당신과 당신의 아버지 집이 괴롭게 하였으니 이는 여호와의 명령을 버렸고 당신이 바알들을 따르렀음이라"(열왕기상 18:18)

2. 불로 응답하는 그가 '하나님이다'

엘리야 선지자는 하나님이 이러한 분이심을 분명히 말씀해 주시고 보여주고 있다는 말씀입니다.

사람들은 말합니다.

헌법에 보장된 대로 신앙의 자유가 있고 자신의 기질과 정서에 따라 종교를 가질 수 있습니다.

문제는 하나님이 보신다는 것입니다. 헛된 우상을 쫓아서 영원한 멸망으로 가고 있다는 이 말씀을 잊어서는 안 되겠습니다.

열왕기상 18장 36, 37절에 분명하게 기도하고 있지 않습니까?

"아브라함과 이삭과 이스라엘 하나님 여호와여 주께서 이스라엘 중에서 하나님이신 것과 내가 주의 종인것과 이 백성에게 주 여호와는 하나님이신 것을 알게 하소서"

핵심 내용은 '여호와만이 오직 하나님이시다'라는 것입니다.

예수 그리스도만이 유일한 메시야, 그 분만을 믿어야만 구원과 영생을 얻는다는 분명한 기도의 매세지입니다.

3. 기도가 만사형통의 비결이다.

이러한 엘리야의 용감성과 담력은 어디서 왔느냐?는 것입니다.

그가 믿음의 용장뿐만 아니라 기도의 거장이기 때문입니다.

그가 우리와 똑같은 사람이지만 그가 기도함으로 하나님의 보좌를 움직인 것을 기억하시기 바랍니다.

예수님께서 말씀하셨습니다.

"기도 외에 다른 것으로는 이런 종류가 나갈 수 없느니라"(마가복음 9:29)

오늘날도 옛날 이스라엘 백성처럼 우상과 살아계신 하나님 사이에 의심하여 우왕좌왕해서는 안되겠습니다.

말씀을 통해 믿고 깨달으며 견고한 믿음으로 승리하는 삶이 되시기를 바랍니다.

히스기야의 기도

이사야 38:1~8

그 때에 히스기야가 병들어 죽게 되니 아모스의 아들 선지자 이사야가 나아가 그에게 이르되 여호와께서 이같이 말씀하시기를 너는 네 집에 유언하라 네가 죽고 살지 못하리라 하셨나이다 하니 히스기야가 얼굴을 벽으로 향하고 여호와께 기도하여 이르되 여호와여 구하오니 내가 주 앞에서 진실과 전심으로 행하며 주의 목전에서 선하게 행한 것을 기억하옵소서 하고 히스기야가 심히 통곡하니 이에 여호와의 말씀이 이사야에게 임하여 이르시되 너는 가서 히스기야에게 이르기를 네 조상 다윗의 하나님 여호와께서 이같이 말씀하시기를 내가 네 기도를 들었고 네 눈물을 보았노라 내가 네 수한에 십오 년을 더하고 너와 이 성을 앗수르 왕의 손에서 건져내겠고 내가 또 이 성을 보호하리라 이는 여호와께로 말미암는 너를 위한 징조이니 곧 여호와께서 하신 말씀을 그가 이루신다는 증거이니라 보라 아하스의 해시계에 나아갔던 해 그림자를 뒤로 십 도를 물러가게 하리라 하셨다 하라 하시더니 이에 해시계에 나아갔던 해의 그림자가 십 도를 물러가니라.

‘버킷 리스트(Bucker List)’라는 말이 있지 않습니까?

2007년에 버킷 리스트란 영화가 있었습니다.

‘버킷 리스트’라는 말은 평생 한 번쯤 해보고 싶은 일, 혹은 죽기 전에 할 일들을 적은 목록이 버킷 리스트입니다.

버킷 리스트는 2007년에 영화화되어서 대중적으로 많이 알려지기 시작했는데 영화에서 시한부 판정을 받은 두 주인공이 죽기 전에 하고 싶은 일들의 목록을 작성해서 함께 여행을 떠나는 내용들입니다.

이스라엘 성지순례는 목회자뿐만 아니라 성도들에게도 죽기 전에 가봐야 할 Bucker List라 생각합니다.

이스라엘 성지순례 중 가장 인상 깊었던 곳이 있습니다.

시온산 중턱에 예루살렘 시내, 예루살렘 도성이 위치하고 있습니다.

감람산에서 맞은편에 있는 예루살렘 도성을 바라보는 장면이 매우 인상적이었습니다.

감람산에서 찍은 예루살렘 시내가 있는데 거기에 황금 돔으로 만든 이슬람 사원도 있습니다.

이곳은 왜 중요하냐?

예수님께서 감람산에서 예루살렘 성전을 바라보며 탄식을 하셨습니다.

"돌 위에 하나도 남김없이 예루살렘 성전이 파괴된다"는 말씀입니다.

이 말씀은 A. D 70년 유대전쟁에 패배하므로 로마제국이 예루살렘 성전을 완전히 파괴해버렸습니다.

그리고 통곡의 벽에서 기도한 장면이 인상적입니다.

그리고 또 다른 하나는 이스라엘의 북단 끝이 골란고원입니다.

골란고원은 원래 시리아 땅인데 1967년 6일 전쟁을 통해서 이스라엘이 승리하므로 차지한 땅입니다.

골란고원에 올라갔습니다. 그 건너편이 그 유명한 헬몬산(Hermon)입니다. 눈이 덮여 있더라구요.

그래서 가이드 목사님께서 물었습니다.

'헬몬산에 눈이 원래 빙하지역인가?'

그렇지 않고 겨울이 눈이 와서 쌓여있고 여름이 되면 다 녹는다고 하였습니다.

골란고원에서 헬몬산을 바라보면 그 주위환경이 환상적이었습니다.

하나님께서 모세에게 말씀하셨던 "젖과 꿀이 흐르는 땅, 가나안 땅" 그 자체였습니다.

시간이 없어 오래 머물지 못했지만 너무나 환상적이어서 여러 번에 걸쳐 비디오를 찍고 사진을 찍었습니다.

기회가 되면 여러분들이 거룩한 땅 이스라엘 성지순례를 꼭 하시기를 바랍니다.

우리 그리스도인들에게 무기가 있다면 무엇입니까?

말씀이 무기입니다.

에베소서 6장 17절에 성령의 검, 곧 하나님의 말씀을 가지라고 했습니다.

말씀이 영적 무기입니다.

믿음이 무기입니다.

믿음의 방패라고 했습니다.

기도가 무기입니다.

하나님의 능력과 하나님의 권세가 기도함으로 주어진다는 것입니다.

사랑하는 성도 여러분!

인생 살아가는데 힘이 드십니까?

하나님 앞에 무릎 꿇고 기도할 때 능력을 받습니다.

힘이 옵니다.

권능이 임합니다.

히스기야왕의 기도가 우리에게 영감을 줍니다.

1. 기도의 용기

사람이 사망선언을 받으면 용기를 잃어버립니다. 온몸이 다 쳐집니다. 희망을 잃어버립니다.

병원심방이나 병원에 가서 환자들을 만나게 되면 느끼는 것이 있습니다.

환자들의 몸이 많이 무겁다 느껴집니다.

왜요?

온몸이 쳐지는 것입니다.

사랑하는 성도 여러분!

강건하게 되려면 쳐지면 안됩니다.

소망을 품고 용기를 가지고 일어서시기 바랍니다.

히스기야 기도의 아주 독특한 면들이 있는 데 용기를 잃지 않았다는 것입니다.

아모스의 아들 이사야 선지자가 와서 사망선언을 했습니다.

1절에 나오지 않습니까?

"여호와께서 말씀하시기를 너는 네 집에 유언하라 네가 죽고 살지 못하리라"(이사야 38:1)

청천 병력과 같은 말씀입니다. 하늘이 무너지는 느낌이었을 것입니다.

이 사망선고는 히스기야가 왕이 된 지 14년입니다.

그 즈음에 앗수르의 침략이 끝난 직후였습니다.

히스기야는 하나님 앞에 기도하므로 앗수르 군이 물러가므로 잠깐 경사를 맛보았습니다.

그 후에 이사야선지자를 통해 그가 죽을 병에 걸리게 되었다는 것입니다.

우리는 이 말씀을 통해서 교훈을 얻습니다.
사도바울이 권면하지 않았습니까?
고린도전서 10장 12절입니다.

"그런즉 선 줄로 생각하는 자는 넘어질까 조심하라"

이사야 선지자의 사망통보는 히스기야 왕에게 엄청난 충격이었습니다.
사망선언에 히스기야왕이 용기를 잃지 아니하고 기도의 용기를 가지고 하나님 앞에 엎드린 것을 기억하시기 바랍니다.

2. 얼굴을 벽으로 향해 기도

이 사망선언을 들은 히스기야는 즉시 얼굴을 벽으로 향해 기도하기 시작했습니다.
'벽'이라는 것은 인간의 불가능성을 의미합니다.
우리는 안 된다고 할 때 '벽을 치는 것과 같다'라고 말합니다. '벽'은 그야말로 사람의 불가능성입니다.
지금 히스기야는 벽 앞에서 하나님께 생명을 구하는 기도를 하고 있습니다.
히스기야왕이 얼굴을 벽으로 향해 기도한 까닭은 그가 걸린 질병문제를 인간세계에서 해결하려는 마음이 전혀 없고 오직 이 문제는 하나님만 해결할 수 있다는 결단의 기도입니다.
기도에 전무하고 사생결단으로 기도를 하고 있습니다.

압복강가의 야곱의 기도도, 갈멜산에서 비 오길 간절히 기도하는 엘리야의 끈질긴 기도도 사생결단의 기도입니다.

히스기야 왕의 기도는 오직 하나님만이 해결해 주실 수 있다는 것입니다.

'Only God!'

일사각오로 하나님께 집중하며 하나님의 도우심을 간절히 간구하고 있습니다.

3. 심히 통곡하는 기도

하나님께 응답 받는 기도 중의 하나가 '눈물의 기도', '통곡의 기도'입니다.

시편 126편 5~6절에 말씀하고 있습니다만 눈물을 흘리며 씨를 뿌린 사람은 반드시 기쁨으로 단을 거둔다는 말씀입니다.

시편 126편 5~6절입니다.

"눈물을 흘리며 씨를 뿌리는 자는 기쁨으로 거두리로다. 울며 씨를 뿌리러 나가는 자는 반드시 기쁨으로 그 단을 가지고 돌아오리로다."

히스기야는 자기의 죽음을 직시하였기 때문에 울었습니다.

성경은 히스기야의 눈물이 어떠하다 하였습니까?

심히 통곡하며 기도했다고 했습니다.

이 통곡의 기도에 하나님께 해결해주시며 응답해 주셨음을 믿으시기 바랍니다.

그 후 이사야는 하나님의 말씀을 듣고 히스기야왕에게 찾아가 그의 기도의 결과를 전달해줍니다.

히스기야는 그의 기도를 통해 3가지 기도의 응답을 받습니다.

1) 네 기도를 들었고 네 눈물을 보았다.
2) 히스기야의 생명을 15년 더하여 주시겠다는 말씀입니다.
3) 앞으로 앗수르 왕의 유다 나라를 건지시며 보호하겠다는 것입니다.

과연 하나님은 '엘샤다이' 전능하신 하나님이십니다.
그에겐 능치 못할 일이 없습니다.
권세와 능력이 그에게 있고 인생의 소망이 하나님께 있습니다.
항상 소망을 품고 기도함으로 하나님의 능력을 구하고 하나님의 축복을
경험하시기를 바랍니다.

염려 대신 기도를

마태복음 6:25~34

그러므로 내가 너희에게 이르노니 목숨을 위하여 무엇을 먹을까 무엇을 마실까 몸을 위하여 무엇을 입을까 염려하지 말라 목숨이 음식보다 중하지 아니하며 몸이 의복보다 중하지 아니하냐 공중의 새를 보라 심지도 않고 거두지도 않고 창고에 모아들이지도 아니하되 너희 하늘 아버지께서 기르시나니 너희는 이것들보다 귀하지 아니하냐 너희 중에 누가 염려함으로 그 6)키를 한 자라도 더할 수 있겠느냐 또 너희가 어찌 의복을 위하여 염려하느냐 들의 백합화가 어떻게 자라는가 생각하여 보라 수고도 아니하고 길쌈도 아니하느니라 그러나 내가 너희에게 말하노니 솔로몬의 모든 영광으로도 입은 것이 이 꽃 하나만 같지 못하였느니라 오늘 있다가 내일 아궁이에 던져지는 들풀도 하나님이 이렇게 입히시거든 하물며 너희일까 보냐 믿음이 작은 자들아 그러므로 염려하여 이르기를 무엇을 먹을까 무엇을 마실까 무엇을 입을까 하지 말라 이는 다 이방인들이 구하는 것이라 너희 하늘 아버지께서 이 모든 것이 너희에게 있어야 할 줄을 아시느니라 그런즉 너희는 먼저 그의 나라와 그의 의를 구하라 그리하면 이 모든 것을 너희에게 더하시리라 그러므로 내일 일을 위하여 염려하지 말라 내일 일은 내일이 염려할 것이요 한 날의 괴로움은 그 날로 족하니라.

그런 분들이 종종 있습니다.
"목사님! 염려가 없으면 좀 살 것 같습니다."
"걱정 없으면 살 것 같습니다"
"근심 없으면 살 것 같습니다"

요한복음 14장은 예수님의 '고별장'이라고 하는데 십자가에 죽으시고 천국 간다고 하니까 제자들의 수심이 가득했습니다.

예수님은 제자들에게 근심하지 말라고 했습니다.

요한복음 14장 1~2절 말씀입니다.

"너희는 마음에 근심하지 말라 하나님을 믿으니 또 나를 믿으라 내 아버지 집에 거할 곳이 많도다. 그렇지 않으면 너희에게 일렀으리라 내가 너희를 위하여 거처를 예비하러 가노니"

처소가 있다는 말은 희망이 있다는 말씀입니다.

여러분은 어떻습니까?

염려가 없습니까?

근심은 없습니까?

창조주 하나님이신 예수님께서도 딱 한 번 근심 아닌 근심을 하셨습니다.

그 근심은 '십자가 지는 문제'이었습니다.

마지막 날 밤 예수님은 겟세마네 동산에서 부르짖었습니다.

"아버지여 이 잔을 내게서 옮기시옵소서"(마가복음 14:36)

이 잔이 무엇입니까?

십자가의 잔이요 죽음의 잔 더 나아가 성경에 "무릇 나무에 달린 자마다 하나님께 저주받아 버림받았다"고 하는데 예수님께서 본인이 그 사명을 감당해야 한다고 생각하니 근심 아닌 근심을 하신 것입니다.

"아버지여 이 잔은 내게서 옮기시옵소서 그러나 나의 원대로 마옵시고 아버지의 원대로 하옵소서"(마가복음 14:36)

원래 그 십자가는 저와 여러분이 져야 할 십자가입니다.
왜요?
우리가 범죄하였기 때문입니다.

"의인은 없나니 하나도 없으며"(로마서 3:10)

이 세상에 어느 누구도 근심이 없는 사람은 아무도 없습니다.
특별히 예수님을 따르려는 사람들에게 주는 교훈의 말씀이기도 합니다.
오히려 예수님께서는 염려보다 먼저 그의 나라와 그의 의를 구하라고 적극적으로 말씀해주고 있습니다.
그럼 우리들은 왜 염려를 하는 것입니까?

1. 내일에 대한, 미래에 대한 불안 때문에

사람들이 왜 근심하고 염려합니까?
내일에 대한 불안 때문입니다.
내일에 대한 소망이 있는 사람은 내일에 대한 염려가 없습니다.
내일에 대한 불안감 때문에 염려한다는 것입니다.
적극적인 마음의 자세로 내일에 대한 소망을 품으면 얼마든지 염려를 극복할 수 있습니다.

유월절을 앞두고 한 사람이 랍비에게 와서 말했습니다.

"랍비님 저는 너무나 근심, 걱정이 많습니다. 없는 것이 많아 골치가 아픕니다. 못 살겠습니다. "

랍비는 무슨 근심이 그렇게 많으냐고 물었습니다.

그는 유월절이 다가오는데 무교병 살 돈도 없고, 유월절 포도주, 유월절 자기 옷, 아내 옷, 자녀 옷, 고기 살 돈이 없다는 것이었습니다.

랍비는 물었습니다.

무교병이 얼마요? "5천원입니다"

포도주는 얼마요? "1만원입니다"

자네 옷은? "5만원이요"

아내 옷은 "10만원이요"

자녀 옷은 "3만원이요"

유월절 고기 값은? "2만원이요"

이 말을 듣고 랍비는 조용히 말했습니다.

"이제 자네는 돌아가서 너무나 많은 걱정을 하지 말고 한 가지 걱정만 하게. 21만원 걱정 하나만 하게 그리고 하나님께 한 가지만 기도하게 21만원 달라고…"

무슨 말씀입니까?

우리가 생각지 않게 너무 쓸데없는 잡다한 근심을 많이 하고 있다는 것입니다.

사랑하는 성도 여러분!

예수님께서 말씀하신 염려의 교훈도 바로 그것입니다.

목숨을 위하여 무엇을 먹을까 무엇을 마실까 무엇을 입을까 염려하지 말라는 것입니다.

목숨이 음식보다 중요하고 몸이 의복보다 중요하다는 것입니다.

지나칠 정도로 염려하면 질병에 걸립니다. 더 지나치면 생명을 단축시킵니다.(잠언 4:23)

공기가 맑고 자연환경이 좋아서 오래 사는 것이 아니라 편안한 마음을 유지하는 비결이 장수의 비결입니다.

사도바울은 말했습니다.

"주안에서 항상 기뻐하라 내가 다시 말하노니 기뻐하라"(빌립보서 4:4)

기뻐함으로 우리에게 다가오는 쓸데없는 근심을 기쁨으로 극복하시기를 바랍니다.

2. 담대한 믿음으로 염려에 도전하라

염려를 하는 두 번째 이유로도 믿지 못하기 때문입니다.

예수님을 따르는 사람들조차도 염려하는 이유는 하나님의 능력을 신뢰하지 못하기 때문입니다. 그래서 예수님은 그런 자들을 향해 말씀 하시기를 "믿음이 적은 자들아" 봐라 하나님은 이런 분이시다.

성경을 읽어 보겠습니다. 마태복음 6장 26절입니다.

"공중의 새를 보라 심지도 않고 거두지도 않고 창고에 모아 들이지도 아니하되 너희 하늘 아버지께서 기르시나니 너희는 이것들보다 귀하지 아니하냐"

마태복음 6장 28절 말씀입니다.

"또 너희가 어찌 의복을 위하여 염려하느냐 들의 백합화가 어떻게 자라는가 생각하여 보라 수고도 아니하고 길쌈도 아니하느니라"

핵심이 뭡니까?
하나님이 다 해결하신다는 것입니다. 그러니 '하나님을 믿으라' 이것입니다.

어떤 여자 분의 이야기입니다.
남편은 실직했습니다. 그리고 자녀들은 학교에서 퇴학당했습니다. 그리고 자녀들은 이곳 저곳으로 불량한 소년으로 자라났습니다.
이 여자는 삶이 너무 고통스러워서 어느 날 동반자살을 하기로 결심했습니다. 아이들이 자는 방에 가스밸브를 열어 놓았습니다.
조금 후에 집안이 가스로 가득 차고 정신이 희미해지기 시작했습니다.
그런데 바로 그 순간 열린 문 틈으로 찬송이 울려 퍼지기 시작했습니다.
"내 모든 시험 무거운 짐을 주 예수 앞에 아뢰이면
근심에 쌓인 날 돌아보사 내 근심 모두 받으시네"

그 찬송을 들으며 갑자기 그 여자의 눈이 달라졌습니다.
근심과 고통만 보이던 그 여자의 눈에 하나님이 보이기 시작했습니다. 그 여자는 정신을 차렸습니다. 그리고 무릎을 꿇었습니다. 하나님 앞에 인생을 맡기고 자기의 모든 근심을 맡기기로 결심했습니다. 그리고 일어나서 창문을 열고 혼탁한 공기를 몰아냈습니다.
며칠 후에 그 여자는 자녀들과 함께 시골에 내려가서 새로운 삶을 시작했습니다. 그리고 대자연 속에서 하나님의 축복을 누리며 다시 일어서게 되었습니다.
이 여자가 바로 '근심이여 안녕'이라는 베스트셀러를 저술한 메니큐스 마네부인입니다.

사랑하는 성도 여러분!
하나님의 백성, 여러분들에게는 하나님께서 주신 담대한 신앙, 믿음이 있습니다.
믿음의 방패로 염려와 싸워 승리하시기를 주의 이름으로 축원합니다.

3. 근심 대신 기도를

예수님께서 말씀하셨습니다.

"기도 외에 다른 것으로는 이런 종류가 나갈 수 없느니라"(마가복음 9:29)

오늘 말씀하시지 않습니까?

"그런즉 너희는 먼저 그의 나라와 그의 의를 구하라 그리하면 이 모든 것을 너희에게 더하시리라"(마태복음 6:33)

내용이 뭡니까?
구하라, 기도하라는 것입니다.
염려에 지배당하지 말고 분명히 일어서서 하나님께 그 시간 간절히 간구하고 기도하라는 말씀입니다.
염려를 이기는 가장 강력한 무기는 기도, 간절한 기도입니다.

사랑하는 성도 여러분!

소망으로 근심을 이깁시다.

하나님이 주신 담대한 믿음으로 염려와 싸워 이깁시다.

기도의 권능으로 근심을 이깁시다.

항상 기뻐함으로 항상 감사함으로 항상 기도함으로 매일의 삶에서, 인생에서 승리의 축복을 누리시기 바랍니다.

야베스의 기도

역대상 4:9~10

야베스는 그의 형제보다 귀중한 자라 그의 어머니가 이름하여 이르되 야베스라 하였으니 이는 내가 수고로이 낳았다 함이었더라 야베스가 이스라엘 하나님께 아뢰어 이르되 주께서 내게 복을 주시려거든 나의 지역을 넓히시고 주의 손으로 나를 도우사 나로 환난을 벗어나 내게 근심이 없게 하옵소서 하였더니 하나님이 그가 구하는 것을 허락하셨더라.

야베스의 기도에 대해서는 여러 차례 주님의 말씀을 전했습니다.

그럼에도 불구하고 야베스의 기도가 주목 받는 이유는 그 이름 자체가 부정적입니다.

야베스의 이름의 뜻이 '고통' '고생' '슬프게 하다, 비탄하게 하다' 뜻입니다.

그렇게 이름을 지은 이유는 그의 어머님이 그가 태어날 때 너무 힘겹게 출산하였기에 힘겨운 출산 경험으로 이름이 붙여졌습니다.

유대인들은 이름을 소중히 여깁니다.

이름대로 되라는 거죠.

그러면 야베스는 어떻게 되겠습니까?

그의 운명은 고통스럽고 고생하여 슬픔으로 가득한 인생으로 살아야 될

지 모르겠습니다.

야베스는 여기서 머무르지 않았습니다. 힘들게, 죽을 수밖에 없는 인생이었지만 평생 기도함으로 고통의 삶에서 행복한 삶으로, 비운의 삶에서 축복의 인생으로 살아갔음을 믿으시기 바랍니다.

이를 가능하게 한 것이 무엇입니까?

그의 기도 때문이었습니다.

믿음의 기도가 그의 인생과 운명을 변화시켰음을 기억하시기 바랍니다.

이것이 기독교 신앙의 특성이며 강점입니다.

성경말씀을 보면 유다 자손지파를 소개하는데 갑자기 야베스에 대한 내용이 길게 2구절에 걸쳐 나오고 있습니다.

야베스는 유다 지파 사람으로 고핫집안에 속하여 서기관 족속인 야베스 가문을 창시한 인물로 보고 있습니다.

야베스는 유대인 중의 존귀한 자로 하나님께 기도함으로 부유과 평안함을 누렸습니다.

역대상 2장 55절에 서기관족속이 야베스에 살았고 야베스는 성읍의 이름인데 야베스라는 성읍이 있는 것으로 보아 그의 영향력, 그가 얼마나 하나님의 축복을 받았는지를 짐작할 수 있습니다.

1. 그의 기도로 고통의 삶에서 행복한 삶으로

사랑하는 성도 여러분!

오늘 예배 나온 사람들 중에 옛날에 태어났으면 죽었을 사람 많을 것입니다.

무슨 말씀입니까?

옛날에는 의학과 시술이 많이 발전하지 못해서 유아 사망률이 많았습니다.

성경에 여러 실례의 말씀들이 있습니다.

그 중에 하나의 예가 라헬과 베냐민입니다.

야곱의 사랑하는 아내가 라헬인데 라헬은 두 자녀만 낳았습니다.

여러분들이 잘 아는 요셉과 베냐민입니다.

라헬은 베냐민이 낳고 난 다음 별세하고 말았습니다.

이 경우는 자식을 낳고 그 어미는 죽는 경우인데 출산하다가 아기와 엄마가 죽는 경우도 많았고 특히 자녀들이 출산하는 과정에 유아 사망률이 많았습니다.

소위 현대의술의 제왕절개로 낳은 사람은 옛날식으로 한다면 다 죽은 거나 다름없습니다.

저희 집 첫째 딸이 출산할 때에 자연 출산을 하려고 하는데 의사에게서 연락이 왔습니다.

뱃속에 아기가 머리가 밑으로 내려와야 하는데 머리가 위로 올라가니 자연출산은 위험하다는 것입니다.

제왕절개로 해야 하니 기다리다가 결국 사인을 해서 제왕절개로 출산했습니다.

현대의 의술로 가능 하는 일이지 만약 50~60년대 출산했으면 산모나 딸이 이 세상에 없는 지도 모릅니다.

하나님의 은혜입니다.

오늘 성경에 야베스가 그랬습니다.

아주 힘들게 난산되어 낳은 아들이 야베스입니다.

옛날 영화 보면 자연 출산할 때에 애가 안 나오니까 머리를 잡아 당기고 어떤 경우에는 쌍스러운 욕을 하는 것을 보게 됩니다.

그 만큼 출산이 기쁨의 일이지만 당사자인 어미에게는 고통스러운 순간임을 알 수 있습니다.

야베스의 어머니는 아마도 야베스를 볼 때마다 그랬을 거 같습니다.

"야베스야 나 너 낳다가 죽을 뻔했다"

하나님의 은혜이다. 그랬을 것 같습니다.

얼마나 힘들게 낳았는지 이름을 야베스라고 지었습니다.

야베스는 그 뜻을 보아 결코 좋은 이름이 아닙니다.

'고통' 성경은 좋은 말로 "수고로이 낳았다" 완곡하게 표현해주고 있습니다. 슬픔, 고통, 고생의 이름 뜻을 가지고 있습니다.

그러니까 어머니는 이렇게 힘들게 낳았으니 야베스의 삶이 평탄치 못할 것이라 생각했을지 모릅니다.

이런 얘기를 어릴 때부터 야베스가 들었는지 모릅니다.

그는 여기서 좌절할 수가 없었습니다.

그는 여기서 낙심할 수가 없었습니다.

하나님께 구하면 반드시 응답하시는 기도의 능력을 알았기에 전능하신 하나님께 그의 인생의 운명을 변화시켜 달라고 기도합니다.

기도는 인생의 운명을 변화시키는 능력의 도구임을 믿으시기 바랍니다.

2. 복을 주시려거든 나의 지역을 넓히시고

옛날이나 지금이나 땅은 재산입니다.

오늘날 땅을 부동산이라고 합니다.

우리나라 대표적인 재벌들은 부동산을 통해서 많은 재물을 모았고 지금도 재벌들은 많은 부동산을 가지고 있습니다.

야베스는 역대상 4장 9~10절 기도내용이 평생 기도제목이었습니다.
여러분의 기도제목은 무엇입니까?
기도는 분명한 목표와 꾸준함이 있어야 합니다.
인내와 꾸준함 있는 기도생활을 통하여 하나님의 살아계시고 역사하심을 체험할 수 있습니다.

"복을 주시려거든"(역대상 4:10)

야베스는 복이 끊임없이 풍성하기를 구하고 있습니다.
개역 성경에는 뭐라 번역해 놓았는가?
"복에 복을 더하사"입니다.
야베스는 어떤 일을 만날지라도 복이 있게 해주기를 위해 기도했습니다.

사랑하는 성도 여러분!
야베스의 기도를 통해서 깨닫게 되는 것은 기도내용과 제목이 분명하고 명쾌해야 한다는 것입니다.
야베스는 이렇게 기도했습니다.

"주께서 내게 복을 주시려거든 나의 지역을 넓히시고"(역대상 4:10)

그는 땅을 달라고, 축복의 땅을 달라고 간구하고 있습니다.
어머니는 그 아이의 삶을 부정적으로 확정한 것을 야베스는 기도로 운명을 변화시키는 기도를 하고 있습니다.

"나의 지역을 넓히시고"(역대상 4:10)

어디서든지 그의 길이 막히지 않도록 도와주시기를 전능하신 하나님께 간구하고 있습니다.

기도가 있는 땅과 기도가 없는 땅은 다릅니다.

옛 소련은 기독교를 박해하고 공산혁명을 일으켰습니다.

그 땅이 세 가지 기적의 땅이 되었습니다.

"나무는 많은데 종이가 없습니다. 원유는 많은데 휘발유가 없습니다. 땅은 넓은데 식량이 없습니다."

그러나 한국 땅은 반대입니다.

그래도 한국은 밤을 지새우며 하나님께 기도하는 사람이 그래도 많습니다.

"나무는 없는데 종이가 많습니다. 원유는 없는데 휘발유가 많습니다. 땅은 좁은데 식량이 부족하지 않습니다."

기도가 있는 땅이 응답이 있는 땅이고 축복의 땅입니다.

3. 근심과 걱정이 없게 하옵소서

그가 얼마나 간절했는지 주님께서 나를 도우사 환난을 벗어나게 하시고 근심과 걱정이 없게 하옵소서 평안을 주옵소서 그의 핵심기도입니다.

야베스의 기도를 볼 때마다 비슷한 감정을 느낍니다. 아마도 여러분들도 마찬가지 일 것입니다.

이 기도는 끊임없이 하나님의 은혜를 베풀어 주셔서 환난 중에 믿음으로 극복하고 근심이 없게 하기를 간절히 기도하고 있습니다.

자녀들이 건강한 것 감사하시기 바랍니다.

여러분들이 건강한 것 감사하시기 바랍니다.

하나님의 은혜는 기도에서 시작됩니다.

하나님의 은혜는 감사에서 시작됩니다.

야베스의 기도는 한 두 번으로 끝나지 않았습니다. 그의 평생 기도제목이 없는지 모릅니다.

여러분의 평생 기도제목이 무엇입니까?

기도에 힘씁시다.

기도생활에 생명을 걸어도 됩니다.

기도의 권능을 받읍시다.

고통과 고생의 인생으로 살 뻔했던 야베스가 기도함으로 그의 인생운명을 바꾸었던 것처럼, 여러분의 열심 있는 기도로 평안과 행복의 인생으로 바꾸어 나가시기를 주님의 이름으로 축원합니다.

모세의 기도

민수기 14:13~19

모세가 여호와께 여짜오되 애굽인 중에서 주의 능력으로 이 백성을 인도하여 내셨거늘 그리하시면 그들이 듣고 이 땅 거주민에게 전하리이다 주 여호와께서 이 백성 중에 계심을 그들도 들었으니 곧 주 여호와께서 대면하여 보이시며 주의 구름이 그들 위에 섰으며 주께서 낮에는 구름 기둥 가운데에서, 밤에는 불 기둥 가운데에서 그들 앞에 행하시는 것이니이다 이제 주께서 이 백성을 하나 같이 죽이시면 주의 명성을 들은 여러 나라가 말하여 이르기를 여호와가 이 백성에게 주기로 맹세한 땅에 인도할 능력이 없었으므로 광야에서 죽였다 하리이다 이제 구하옵나니 이미 말씀하신 대로 주의 큰 권능을 나타내옵소서 이르시기를 여호와는 노하기를 더디하시고 인자가 많아 죄악과 허물을 사하시나 형벌 받을 자는 결단코 사하지 아니하시고 아버지의 죄악을 자식에게 갚아 삼사대까지 이르게 하리라 하셨나이다 구하옵나니 주의 인자의 광대하심을 따라 이 백성의 죄악을 사하시되 애굽에서부터 지금까지 이 백성을 사하신 것 같이 사하시옵소서.

기도가 왜 중요합니까?

영혼의 호흡이기 때문입니다.

생명은 호흡에 달려있기 때문에 기독교인들이 기도생활을 게을리 하면 영적 생명을 잃어버린다는 것입니다.

사무엘은 기도 생활을 쉬는 것을 '죄'라고 여겼습니다.

사무엘상 12장 23절에 뭐라고 했습니까?

"나는 너희를 위하여 기도하기를 쉬는 죄를 여호와 앞에 결단코 범하지 아니하고 선하고 의로운 길을 너희에게 가르칠 것인 것"

기도하기를 쉬는 것은 '죄'라 말씀하셨습니다.
성령님의 인도를 받아야 하는데 받는 통로가 무엇입니까?
기도입니다.
기도 생활을 통해서 성령님의 인도함을 받는 것입니다.

본문말씀은 이스라엘 백성들이 가데스바네아에서 반역에 대한 하나님의 심판을 말씀하고 있습니다.
모세가 가데스바네아에서 젖과 꿀이 흐르는 가나안 땅에 들어가기 전 각 지파 두령 한 명씩 선발하여 가나안 땅에 정탐하러 보냈습니다.
40일 동안 정탐하고 나서 모세와 아론, 백성들 앞에 보고를 했습니다.
10명의 정탐꾼들은 그 땅의 과일을 보고하며 그 땅에 대해서 악평했습니다.
그곳에 거주하는 사람들은 기골이 장대하고 네피림 후손인 아낙자손들은 거인들이기 때문에 우리가 그 땅에 들어갈 수 없고 그들이 우리를 볼 때에 메뚜기와 같다. 그래서 이길 수 없다고 부정적 답변과 그 땅에 악평했습니다.
이 얘기를 들은 이스라엘 백성들은 밤새도록 울고 소요, 반란이 일어났습니다.
이스라엘 백성들은 모세와 아론을 원망하고 그들 스스로 지휘자를 세워 다시 애굽으로 돌아가자 반란들이 일어났습니다.
이 때 여호수아와 갈렙이 옷을 찢고 믿음으로 긍정적 소망의 말을 했습니다.
우리가 정탐한 땅은 하나님 말씀대로 젖과 물이 흐르는 아름다운 땅이며 하나님이 함께 하시면 하나님이 그 땅을 우리에게 주실 것이다. 그러니 여호와를 거역하지 말라 항변했습니다. 그들을 두려워하지 말라 이렇게 말하니까 군종들이 돌을 들어 여호수아와 갈렙을 치려 할 때에 여호와의 영광이 나타났다는 것입니다.

하나님은 반역한 이스라엘 백성들을 전염병으로 그들을 다 죽이려고 했는데 그 형벌에 대한 모세의 중보기도가 본문의 말씀입니다.

민수기 13장, 14장 말씀의 내용을 보면 모세의 성품이 너무 좋다는 생각을 갖게 합니다.

이스라엘 회중들이 반역해서 모세를 죽이려는 상황에 여러분 같으면 어떻게 하겠습니까?

모세는 하나님이 전염병으로 그들을 죽여서 멸하고 네게 그들보다 크고 강한 나라를 세우겠다고 했지만 모세는 하나님의 자비를 구하고 있습니다.

1. 하나님의 이름을 높이는 기도

구약 성경 인물 중에서 여호와와 대면을 하고 마치 하나님께서 친구처럼 대화와 교제를 나누는 사람이 있다면 그가 바로 모세입니다.

하나님은 다윗만큼 모세를 사랑하셨습니다.

하나님께서 모세에 반역하는 이스라엘 회중을 향해 이렇게 말씀하셨습니다.

민수기 14장 11~12절입니다.

"여호와께서 모세에게 이르시되 이 백성이 어느 때까지 나를 멸시하겠느냐 내가 그들 중에 많은 이적을 행하였으나 어느 때까지 나를 믿지 않겠느냐 내가 전염병으로 그들을 쳐서 멸하고 네게 그들보다 크고 강한 나라를 이루게 하리라"

하나님의 말씀이 맞습니다. 그들은 강퍅해서 강퍅한 그들에게 재앙을 내리시겠다는 것입니다.

'강퍅'이란 말은 은혜를 많이 받고도 감사하지 않고 파렴치한 것을 말합니다. 그때 그 당시 이스라엘 백성들의 태도가 그러했습니다.

이 때 하나님의 진노가 얼마나 두려운지 이 사실을 안 모세는 그 재앙을 거두어 달라고 중보기도하고 있습니다.

"하나님, 하나님의 능력으로 애굽인 중에 이 백성을 인도하였고 주 여호와께서 대면하여 보이시며 밤에는 불기둥으로 낮에는 구름기둥으로 인도하셨는데 이 광야에서 주의 백성들을 죽이신다면 이방인들이 하나님이 그 땅에 인도할 능력이 없어서 광야에서 죽이는 것이 아니겠느냐 할 것 아닙니까?"라고 중보기도하고 있습니다.

하나님은 대자대비하신 하나님이신데 자비로 그들의 반역을 용서해 주셔야 한다는 말씀입니다.

모세가 이렇게 기도하는 것은 하나님의 거룩한 이름을 위해서 기도하고 있는 것입니다.

모세는 하나님께서 이스라엘 백성을 멸하신다면 이방민족이 하나님을 오해하게 될 것임으로 이스라엘 민족을 멸하지 않도록 기도하고 있습니다.

하나님은 불평하고 불만하며 하는 기도를 하나님이 응답해 주시지 않습니다.

모세의 이 기도가 하나님께 향한 기도 태도, 자세, 내용입니다.

우리도 먼저 모세처럼 하나님을 높이는, 하나님의 이름을 높이는 기도를 해야 합니다.

2. 주의 권능과 주의 자비를 구하는 기도

본문말씀은 모세 개인을 위한 기도가 아닙니다.

공동체를 위한 도고, 중보기도입니다.

출애굽 하는 동안 모세는 여러 차례 하나님께 중보기도를 했습니다.

가데스바네아에서 모세가 중보기도 하지 않았다면 어떻게 되었겠습니까?

반역한 수많은 이스라엘 백성들이 하나님 말씀대로 전염병으로 죽었을 것입니다. 이처럼 기도가 중요한 것입니다.

모세가 르비딤전투 일어날 때에 산에 올라가서 기도하지 않았다면 어떻게 되었겠습니까?

여호수아 군대가 전멸했을 것입니다.

사무엘이 미스바 금식 성회로 모이지 않았다면 수많은 이스라엘 백성들이 블레셋이 쳐들어와 나라가 망했는지도 모릅니다.

우리도 말씀을 따라 기도해야 합니다.

어두움에 매여, 세상 안락과 쾌락으로 신앙생활을 중단하고 그리고 이 시간에도 하나님께 예배하기보다 세상 재미에 흠뻑 빠져 방황하는 사람들을 위해 기도할 의무가 우리에게 있다는 것입니다.

모세는 기도를 계속하면서 기도를 들으시는 하나님의 성품에 대해서 말합니다.

모세의 기도는 하나님의 자비를 바라보는 하나님께 합당한 기도입니다.

모세는 하나님의 자비를 말함과 동시에 하나님의 공의에 대해서도 기도하고 있습니다.

민수기 14장 18절 말씀입니다.

"여호와는 노하기를 더디 하시고 인자가 많아 죄악과 허물을 사하시나 형벌 받은 자를 결단코 사하지 아니하시고 아버지의 죄악을 자식에게 갚아 삼 사대까지 이르게 하리라 하셨나이다."

3. 사람을 살리기도 하는 권능의 기도

기도는 삶의 부분이 아니라 생명이고 전부입니다.
모세의 기도를 통해서 볼 수 있지 않습니까?"

피터스 와그너의의 책 제목이 '기도하는 교회들만이 성장한다'라는 책이 있습니다.
그 책의 제목처럼 기도하는 교회, 기도와 섬김으로 영혼을 구원하는 교회가 되기를 소망합니다.

기도함으로 모세가 경험했던 하나님의 영광과 권세를 체험하시기를 바랍니다.

다니엘의 기도

다니엘 6:1~18

다리오가 자기의 뜻대로 고관 백이십 명을 세워 전국을 통치하게 하고 또 그들 위에 총리 셋을 두었으니 다니엘이 그 중의 하나이라 이는 고관들로 총리에게 자기의 직무를 보고하게 하여 왕에게 손해가 없게 하려 함이었더라 다니엘은 마음이 민첩하여 총리들과 고관들 위에 뛰어나므로 왕이 그를 세워 전국을 다스리게 하고자 한지라 이에 총리들과 고관들이 국사에 대하여 다니엘을 고발할 근거를 찾고자 하였으나 아무 근거, 아무 허물도 찾지 못하였으니 이는 그가 충성되어 아무 그릇됨도 없고 아무 허물도 없음이었더라 그들이 이르되 이 다니엘은 그 하나님의 율법에서 근거를 찾지 못하면 그를 고발할 수 없으리라 하고 이에 총리들과 고관들이 모여 왕에게 나아가서 그에게 말하되 다리오 왕이여 만수무강 하옵소서 나라의 모든 총리와 지사와 총독과 법관과 관원이 의논하고 왕에게 한 법률을 세우며 한 금령을 정하실 것을 구하나이다 왕이여 그것은 곧 이제부터 삼십일 동안에 누구든지 왕 외의 어떤 신에게나 사람에게 무엇을 구하면 사자 굴에 던져 넣기로 한 것이니이다 그런즉 왕이여 원하건대 금령을 세우시고 그 조서에 왕의 도장을 찍어 메대와 바사의 고치지 아니하는 규례를 따라 그것을 다시 고치지 못하게 하옵소서 하매 이에 다리오 왕이 조서에 왕의 도장을 찍어 금령을 내니라 다니엘이 이 조서에 왕의 도장이 찍힌 것을 알고도 자기 집에 돌아가서는 윗방에 올라가 예루살렘으로 향한 창문을 열고 전에 하던 대로 하루 세 번씩 무릎을 꿇고 기도하며 그의 하나님께 감사하였더라 그 무리들이 모여서 다니엘이 자기 하나님 앞에 기도하며 간구하는 것을 발견하고 이에 그들이 나아가서 왕의 금령에 관하여 왕께 아뢰되 왕이여 왕이 이미 금령에 왕의 도장을 찍어서 이제부터 삼십일 동안에는 누구든지 왕 외의 어떤 신에게나 사람에게 구하면 사자 굴에 던져 넣기로 하지 아니하였나이까 하니 왕이 대답하여 이르되 이 일이 확실하니 메대와 바사의 고치지 못하는 규례니라 하는지라 그들이 왕 앞에서 말하여 이르되 왕이여 사로잡혀 온 유다 자손 중에 다니엘이 왕과 왕의 도장이 찍힌 금령을 존중하지 아니하고 하루 세 번씩 기도하나이다 하니 왕이 이 말을 듣고 그로 말미암아 심히 근심하여 다니엘을 구원하려고 마음을 쓰며 그를 건져내려고 힘을 다하다가 해가 질 때에 이르렀더라 그 무리들이 또 모여 왕에게로 나아와서 왕께 말하되 왕이여 메대와 바사의 규례를 아시거니와 왕께서 세우신 금령과 법도는 고치지 못할 것이니이다 하니 이에 왕이 명령하매 다니엘을 끌어다가 사자 굴에 던져 넣는지라 왕이 다니엘에게 이르되 네가 항상 섬기는 너의 하나님이 너를 구원하시리라 하니라 이에 돌을 굴려다가 굴 어귀를 막으매 왕이 그의 도장과 귀족들의 도장으로 봉하였으니 이는 다니엘에 대한 조치를 고치지 못하게 하려 함이었더라 왕이 궁에 돌아가서는 밤이 새도록 금식하고 그 앞에 오락을 그치고 잠자기를 마다하니라.

하나님의 말씀은 참 희한한 능력이 있습니다.

사람이 제 아무리 훌륭한 노래나 연주라도 여러 번 들으면 식상해 지기 쉽습니다.

아무리 좋은 음식도 여러 번 먹으면 더 이상 쳐다 보기도 싫습니다.

그런데 하나님의 말씀은 전혀, 읽어도 또 들어도 새롭고 힘이 납니다.

예레미야애가서 3장 22~23절에 성경에 이렇게 말씀하고 있습니다.

"여호와의 인자와 긍휼이 무궁하시므로 우리가 진멸되지 아니함이니이다 이것들이 아침마다 새로우니 주의 성숙하심이 크시도소이다"

다니엘의 기도는 살아계신 하나님을 증거하고 이방인의 왕인 다리오까지도 감동시키는 영향을 끼치고 있습니다.

오늘 성경본문을 6장 끝까지 읽지 않았습니다마는 6장 끝에 다니엘의 기도, 신앙생활에 감동되어 '다리오 칙령'이라 할 만큼 메대와 바사 페르시아 전 지역에 제국의 시민들이 살아계신 하나님을 믿을 것을 권고하고 있습니다.

다니엘의 사자 굴 처형사건은 바벨론이 메대와 바사의 연합작전으로 멸망한 후 메대사람 다리오 왕 때에 일어난 사건입니다.

다리오왕은 나라를 다스리기 위해 총리 셋을 두었는데 마음이 민첩하고 총명한 다니엘이 그 중 한 사람이었습니다. 그 셋 중에서도 다리오 왕은 다니엘이 총명하고 탁월하므로 매우 신뢰하고 신임을 했습니다.

다니엘은 B.C 605 유대나라가 멸망할 즈음 바벨론에 끌려온 귀족출신의 포로였습니다.

다니엘은 바벨론 제국의 느부갓네살 왕, 벨사살 왕 때에도 높은 관직에 있으면서 신임을 받았습니다.

포로, 종 주제에 너무 잘 나가니까 왕의 참모들이 다니엘을 시기하고 모함해서 그를 내치려고 한 사건이 사자 굴 처형사건입니다.

다니엘이 얼마나 신실하고 정직한 지 흠이 없을 정도였습니다. 그래서 그들이 궁리한 끝에 왕의 금령을 내리게 했습니다. 다리오 왕을 '신'으로 섬기고 한달 동안 다른 신이나 사람에게 기도하거나 절하면 사형을 내려야 한다는 금령입니다.

이방인이었던 다리오왕도 왕권을 확립하고 절대 권력자로 옹립하니 반대할 이유가 전혀 없었습니다.

그래서 결국 한달 동안 다리오 왕의 조서를 내리게 됩니다.

다니엘 6장 7~9절입니다.

"나라의 모든 총리와 지사와 총독과 법관과 관원이 의논하고 왕에게 한 법률을 세우며 한 금령을 정하실 것을 구하나이다 왕이여 그것은 곧 이제부터 삼십일 동안 누구든지 왕 외의 어떤 신에게나 사람에게 무엇을 구하면 사자 굴에 던져 넣기로 한 것이니 이다 그런즉 왕이여 원하건대 금령을 세우시고 그 조서에 왕의 도장을 찍어 메대와 바사의 고치지 아니하는 규례를 따라 그것을 다시 고치지 못하게 하옵소서 하매 이에 다리오 왕이 조서에 왕의 도장을 찍어 금령을 내리다"

경건한 유대인들은 이 세 가지를 꼭 합니다.

자선(구제), 기도, 금식입니다.

마태복음 6장에 잘 나와 있지 않습니까?

예수님께서 경건생활 이 세 가지에 대해 새로운 해석, 본질을 산상수훈으로 말씀해 주고 있습니다.

그 중 경건한 유대인들은 기도생활을 게을리 하지 않았습니다.

다니엘은 그 누구보다도 신앙을 지키고 여호와 하나님의 신앙을 지키고 그 하나님 앞에 기도하는 것을 어기지 않았습니다.

하루에 세 번의 기도시간은 시편 55편 17절에 말씀합니다.

시편 55편 10절입니다.

"저녁과 아침과 정오에 내가 근심하여 탄식하리니 여호와께서 내 소리를 들으시리로다"

다니엘은 왕의 조서 내용을 다 압니다만 하나님께 대한 기도를 한달 동안 그만 두는 것이 배신이라 생각했고 옳지 아니하는 것이라고 생각하며 그전에 하던 대로 윗방에 올라가(다락방) 창문을 열고 예루살렘 성전을 향해 하루에 세 번씩 무릎을 꿇고 그의 하나님께 감사하며 기도했습니다.

다니엘을 시기하고 참소하려고 했던 무리들은 다니엘의 하나님 앞에 기도하고 간구하는 것을 발견하고 다리오왕에게 참소했습니다.

'참소'는 남을 헤치려고 죄가 있는 것처럼 꾸며 윗사람에게 일러 바치는 것을 말합니다.

그 무리들이 얼마나 교활한 지 다니엘의 기도를 먼저 꺼내지 않았습니다. 왕으로 하여금 왕이 내리신 조서, 금령에 대한 내용을 재확인 시켰습니다.

결국 왕도 그 신하들의 장난에 말려든 인물이 되고 말았습니다. 이렇게 와서 참소하니 다리오왕의 고민이 깊었습니다. 그 무리들이 와서 다리오 왕에게 교묘하니 어쩔 수 없이 다니엘을 왕의 명령에 의해서 사자 굴 속에 던져지게 되었습니다.

다리오 왕이 얼마나 다니엘을 신임하고 생각했는지 밤새도록 잠을 자지 아니하고 금식했다고 성경은 말씀해주고 있습니다.

다니엘 6장 16절입니다.

"왕이 궁에 돌아가서는 밤이 새도록 금식하고 그 앞에 오락을 그치고 잠자기를 마다하니라"

오늘 말씀을 보면서 우리 성도들도 다니엘처럼 신실하게, 능력 있는 삶을 살아야 되지 않을까 결단하는 시간이 되시기를 바랍니다.

다니엘은 사자 굴에 던져졌지만 하나님께서 죽게 내버려 두지 않았습니다.

그 비결이 그의 '기도생활'에 있었음을 믿으시기 바랍니다.

1. 그의 기도생활은 용단이 있었다.

'용단'이란 말은 용기 있게 결단했다는 것입니다.

하나님의 신앙에 부끄러워하지도 않았습니다. 하나님의 신앙에 비겁해하지 않았습니다.

메대와 바사는 하나님을 모르는 민족입니다. 그런 상황 속에서 하나님이 어떤 분이신지를 다니엘을 통해서 깨닫게 된다는 말씀입니다.

그는 그의 신앙, 그의 기도생활을 숨기지 않았습니다. 한 달만 쉬면 되는데 말입니다.

다시 말하면 하나님은 살아계신 하나님이시기에 그의 기도는 쉴 수 없었고 또한 지금까지 지키시고 함께 하셨던 하나님 앞에 배신할 수가 없었습니다.

다니엘이 뻔히 알면서도 그의 목숨을 내놓고 있습니다.

여러분들은 그런 상황이라면 어떻게 하시겠습니까?

용단 있는 기도에 하나님의 영광이 나타남을 믿으시기 바랍니다.

2. 규칙기도의 강력함입니다.

다니엘은 어김없이 그 시간, 그 장소에 나타나 하나님 앞에 무릎을 꿇고 기도하고 간구했습니다.

무슨 일이든지 규칙 있게 하지 않으면 성공하기가 쉽지 않습니다.

기도생활도 마찬가지입니다.

다니엘은 '전에 하던 대로' 비가 오나 비바람이 부나 다리오 왕의 조서이든 상관없이 그 시간 하나님 앞에 기도로 나아갔습니다.

성도 여러분!

이래야 하나님께서 감동 받지 않겠느냐는 말씀입니다.

규칙기도는 강력합니다.

3. 감사함이 있는 기도

다니엘은 바벨론에 포로로 끌려 왔으나 단 한 번도 하나님을 원망한 적이 없습니다.

오늘도 생명을 지키시고 나를 높여 주시는 하나님께 감사했습니다.

다니엘의 기도는 언제나 성령충만, 하나님께 감사, 기쁨이 충만했던 것입니다.

다리오 왕이 그 다음날 일찍 먼저 달려간 곳이 어디입니까?

다니엘이 던져졌던 사자 굴이었습니다.

다리오 왕은 다니엘이 살아있음을 매우 기뻐하며 하나님께 영광 돌렸습니다. 그리고 그를 모함했던 무리들은 가족들과 함께 사자 굴에 쳐 넣었습니다.

성경은 다니엘 6장 24절에 그들이 굴 바닥에 넣기도 전에 사자들이 그들을 움켜서 그 뼈까지도 부서뜨렸다고 했습니다.

중상모략, 악한 일에 절대로 함께 해서는 안됩니다.

다리오왕은 칙령을 내려 다니엘의 하나님을 찬양하고 그 하나님을 섬기도록 칙령을 내립니다.

이 얼마나 하나님께서 기뻐하셨겠느냐 말입니다.

다니엘 6장 26~27절입니다.

"내가 이제 조서를 내리노라 내 나라 관할 아래에 있는 사람들은 다 다니엘의 하나님 앞에서 떨며 두려워할지니 그는 살아계시는 하나님이 시요 영원히 변하지 않으실 이시니 그의 나라는 멸망하지 아니할 것이요 그의 권세는 무궁한 것이며 그는 구원도 하시며 건져내기도 하시며 하늘에서든지 땅에서든지 이적과 기사를 행하시는 이로서 다니엘을 구원하여 사자의 입에서 벗어나게 하셨음이라 하였더라"

하나님의 영광을 드러내는 인생, 기도로 하나님의 놀라운 은혜와 축복을 경험하는 여러분 모두가 되시기를 주님의 이름으로 축원합니다.

이방선교의 문을 연 고넬료의 기도

사도행전 10:1~16

가이사랴에 고넬료라 하는 사람이 있으니 이달리야 부대라 하는 군대의 백부장이라 그가 경건하여 온 집안과 더불어 하나님을 경외하며 백성을 많이 구제하고 하나님께 항상 기도하더니 하루는 제 구 시쯤 되어 환상 중에 밝히 보매 하나님의 사자가 들어와 이르되 고넬료야 하니 고넬료가 주목하여 보고 두려워 이르되 주여 무슨 일이니이까 천사가 이르되 네 기도와 구제가 하나님 앞에 상달되어 기억하신 바가 되었으니 네가 지금 사람들을 욥바에 보내어 베드로라 하는 시몬을 청하라 그는 무두장이 시몬의 집에 유숙하니 그 집은 해변에 있다 하더라 마침 말하던 천사가 떠나매 고넬료가 집안 하인 둘과 부하 가운데 경건한 사람 하나를 불러 이 일을 다 이르고 욥바로 보내니라 이튿날 그들이 길을 가다가 그 성에 가까이 갔을 그 때에 베드로가 기도하려고 지붕에 올라가니 그 시각은 제 육 시더라 그가 시장하여 먹고자 하매 사람들이 준비할 때에 황홀한 중에 하늘이 열리며 한 그릇이 내려오는 것을 보니 큰 보자기 같고 네 귀를 매어 땅에 드리웠더라 그 안에는 땅에 있는 각종 네 발 가진 짐승과 기는 것과 공중에 나는 것들이 있더라 또 소리가 있으되 베드로야 일어나 잡아 먹어라 하거늘 베드로가 이르되 주여 그럴 수 없나이다 속되고 깨끗하지 아니한 것을 내가 결코 먹지 아니하였나이다 한대 또 두 번째 소리가 있으되 하나님께서 깨끗하게 하신 것을 네가 속되다 하지 말라 하더라 이런 일이 세 번 있은 후 그 그릇이 곧 하늘로 올려져 가니라

예수님께서 이 세상에 오신 이유가 무엇입니까?

온 세상, 온 인류를 구원하시고자 오셨습니다. 그래서 우리가 예수님을 메시야, 그리스도라고 부릅니다. 유대인들만의 구원이 아닙니다. 이방인들도

구원받아야만 합니다.

디모데전서 2장 4절에 무엇이라 했습니까?

"하나님은 모든 사람이 구원을 받으며 진리를 아는 데에 이르기를 원하시느니라"

유대인만이요?
아닙니다. 이방인들도 입니다.
사도행전 10장이 중요한 이유는 사도행전 10장이 있기 때문에 한국에도 복음이 들어올 수 있었습니다.
예수님은 사도행전 1장 8절에 하늘로 승천하시면서 "너희에게 성령이 임하시면 권능을 받고 예루살렘과 온 유대와 사마리아 땅 끝까지 복음을 전해 이르러 내 증인 되리라"고 명령하셨는데 이 복음이 유대인에게 머물고 있는 것입니다.

가이사랴에 고넬료라는 로마 백부장이 있었습니다.
이방인입니다.
그 당시 이방인 중에는 '전래적 이방종교'에 환멸을 느껴서 유대교의 회당 예배에 참여하는 친유대교적인 이방인들이 있었습니다.
그런 종류의 이방인들 가운데 한 사람이 고넬료 로마 백부장, 로마 장교입니다.
가이사랴는 욥바에서 50km 떨어져있는 도시로 유대와 사마리아 지방을 관장하는 총독의 주재지이며 로마군 수비대 주둔지가 있었습니다.
고넬료는 유대교에 입교해서 여호와 하나님을 경외하고 구제를 잘하는 등 유대인들로부터 존경과 사랑을 받고 있었습니다.

다니엘의 기도 말씀 드릴 때에도 경건한 유대인들은 세 가지를 경건의 덕목으로 삼았습니다.

기도, 구제(자선), 금식입니다.

고넬료도 매일 하루 3번씩 기도생활을 했습니다.

하루는 구시에(우리나라로 오후 3시) 환상 중에 하나님의 사자가 들어와서 고넬료에게 나타났습니다.

'환상'은 사람의 눈앞에 심령의 눈으로 나타나 보이는 것을 말합니다.

하나님의 사자가 고넬료야 부르더니 내 기도와 구제가 하나님 앞에 상달되었다 말하면서 사람들을 보내어 욥바에 있는 시몬 베드로를 청하라 말씀했습니다. 순식간에 이루어진 사실입니다. 기도하는 중이었습니다.

사랑하는 성도 여러분!

기도생활은 하나님의 능력이 임하고 역사가 있음을 믿으시기 바랍니다.

그래서 고넬료는 하인 둘과 부하 한 사람(경건한 사람)을 욥바로 보냈습니다. 그 다음날 이들은 욥바에 다다르고 있었고 그 시간 육시에 베드로도 지붕에 올라가 기도하는 중에 신비한 체험을 하게 됩니다.

베드로는 황홀한 중에 하늘에서 한 그릇이 내려오는데 큰 보자기 같은 데에 각종 네발 가진 짐승, 기는 것과 공중에 나는 것들이었습니다.

소리가 나기를 베드로야 잡아먹으라 할 때에 베드로가 "주여 그럴 수 없나이다. 속되고 깨끗하지 아니한 것을 내가 결코 먹지 않겠습니다" 말했습니다.

레위기 11장에 보면 정한 짐승, 식물이 있고 부정한 짐승이 있습니다.

정한 짐승은 먹어도 부정한 짐승은 지금까지도 유대인들은 먹지 않습니다. 대표적인 동물이 '돼지'입니다.

그러나 예수님 오신 이후로 레위기 11장의 율법의 법규를 해체되었음을 믿으시기 바랍니다.

아직도 베드로는 유대인 율법에 머물러 있는 것입니다. 그리고 말씀하셨습니다. "하나님께서 깨끗하게 하신 것을 네가 속되다 하지 말라"

이런 일이 세 번 있은 후 그 그릇이 하늘로 올라갔습니다.

'참 희한한 일이다'라고 생각하고 있을 때 고넬료가 보낸 사람이 시몬의 집을 찾아 베드로를 찾고 있는 것입니다.

베드로가 그 환상을 생각할 때에 성령께서 그에게 말씀하셨습니다.

"두 사람이 너를 찾으니 일어나 내려가 의심하지 말고 함께 가라 내가 그들을 보내었느니라"(사도행전 10:19~20)

무슨 말씀입니까?

베드로는 이방인까지 구원 받아야 할 이유가 없었습니다. 아직 문화, 민족에 갇혀 있는 것입니다.

이 환상은 이방인에게도 주의 복음이 전파되어야 한다는 말씀입니다.

돼지고기를 먹는 이방인들도 구원의 대상이라는 것입니다.

고넬료의 기도교훈이 있습니다.

1. 규칙기도 강력함

고넬료는 이방인이었지만 다니엘처럼 그 시간만 되면 하나님 앞에 무릎을 꿇고 기도하고 있습니다.

꾸준히 한다는 것, 규칙적으로 한다는 것이 쉽지 않습니다.

바로 그것이 기도의 힘입니다.

규칙기도의 강력함은 다니엘의 기도를 통해서 그리고 고넬료의 기도를 통해서 보여줌을 확신하시기 바랍니다.

문제는 여러분들의 이런 결단들이 있기를 바랍니다.

2. 오랜 기도의 능력

누가복음 18장 1~8절은 오랜 세월 동안 기도해야 하나님의 응답 받음을 말씀해 주고 있습니다.

고넬료가 한 두 번 기도, 작정기도로 끝나지 않았습니다.

오랜 시간을 두고 하나님과 교제를 나누고 있습니다. 아마도 고넬료도 자기 가정뿐만 아니라 자기가 알고 지인들도 하나님을 경외하기를 바라는 중보기도도 했을 것입니다.

그런데 어느 날 9시(우리의 시간으로 오후 3시)에 기도하는데 환상 중에 하나님의 사자가 들어와서 말했습니다.

사도행전 10장 3~4절입니다.

"하루는 제 구시쯤 되어 환상 중에 밝히 보매 하나님의 사자가 들어와 이르되 고넬료야 하니 고넬료가 주목하여 보고 두려워 이르되 주여 무슨일이니이까 천사가 이르되 네 기도와 구제가 하나님 앞에 상달되어 기억하신 바가 되었으니"

3. 기도 중에 성령의 인도하심

고넬료나 베드로는 기도 중에 성령의 인도하심을 받고 있습니다.

하나님께서는 어떤 때에는 환상으로, 황홀경 체험으로, 말씀의 깨달음으로, 성령의 말씀으로 다양한 방법을 통해 성령의 인도하심을 받게 하십니다.

이 고넬료의 기도를 통해 이방선교의 발원, 이방선교가 열려지게 되었고 뿐만 아니라 고넬료의 온 가정이 성령세례의 역사를 체험함을 믿으시기 바랍니다.

말씀을 들을 때에 성령이 모든 사람에게 임하고 이방인들에게도 성령의 부어주심으로 방언을 말하며 하나님께 영광을 돌렸습니다.

사도행전 10장 43~48절입니다.

"이에 베드로가 이르되 이 사람들이 우리와 같이 성령을 받았으니 누가 능히 물로 세례 베풂을 금하리요 하고 명하여 예수 그리스도의 이름으로 세례를 베풀라 하니라 그들이 베드로에게 며칠 더 머물기를 청하니라"

규칙기도를 결단하십시다.

기도생활을 통해 성령님의 인도하심을 받을 수 있습니다.

기도는 생각지 않는 하나님의 놀라운 축복의 역사가 있음을 믿고 확신하시기 바랍니다.

기도응답의 비결

열왕기상 18:41~46

엘리야가 아합에게 이르되 올라가서 먹고 마시소서 큰 비 소리가 있나이다 아합이 먹고 마시러 올라가니라 엘리야가 갈멜 산꼭대기로 올라가서 땅에 꿇어 엎드려 그의 얼굴을 무릎 사이에 넣고 그의 사환에게 이르되 올라가 바다쪽을 바라보라 그가 올라가 바라보고 말하되 아무것도 없나이다 이르되 일곱 번까지 다시 가라 일곱 번째 이르러서는 그가 말하되 바다에서 사람의 손 만한 작은 구름이 일어나나이다 이르되 올라가 아합에게 말하기를 비에 막히지 아니하도록 마차를 갖추고 내려가소서 하라 하니라 조금 후에 구름과 바람이 일어나서 하늘이 캄캄해지며 큰 비가 내리는지라 아합이 마차를 타고 이스르엘로 가니 여호와의 능력이 엘리야에게 임하매 그가 허리를 동이고 이스르엘로 들어가는 곳까지 아합 앞에서 달려갔더라.

스펄전 목사님(19세기 유명한 명설교가)이 타도시에서 자기가 돌보고 있는 런던의 고아들을 위해 300만원을 모금하였습니다.

지금으로 계산하면 300만원은 어마어마한 돈입니다. 최소한 오늘날로 10억 이상은 될 것입니다.

그런데 스펄전 목사님이 기도 중에 이런 영감이 떠올랐습니다.

"고아원을 경영하는 죠지뮬러에게 그 돈을 주어라."

그는 반항적으로 말했습니다.

"오 주님! 저의 고아들도 이 돈이 필요합니다."

그러나 그 음성이 사라지지 않았습니다. 그래서 성령의 음성에 굴복하며 말했습니다.

"네 주님! 순종하겠습니다."

기도가 끝난 후 스펄전 목사님은 그 돈을 가지고 죠지뮬러에게 갔습니다.

죠지뮬러 목사는 기도 중이었습니다.

그 때 스펄전 목사님은 그 돈을 내밀면서 말했습니다.

"하나님께서 내가 모금한 돈을 당신에게 주라고 하십니다."

이 말을 듣고 죠지뮬러가 말했습니다.

"나는 지금 하나님께 300만원을 달라고 기도하는 중이었습니다. 꼭 300만원이군요. 하나님은 정확하신 하나님이십니다."

두 사람은 손을 맞잡고 눈물을 흘리면서 하나님께 감사를 드렸습니다.

스펄전 목사님이 사무실에 돌아와 보니 책상 위에 400만원의 헌금이 놓여 있었습니다.

스펄전 목사님은 감격하면서 하나님께 기도드렸습니다.

"주여! 300만원 이상으로 주시는군요."

기도의 기적입니다.

기도와 믿음은 4차원의 세계이며 4차원의 세계는 초자연적, 초과학적 세계입니다.

기도의 역사와 믿음의 세계는 놀라운 4차원의 세계입니다.

예수님께서 본래 하나님이셨는데 육신의 몸을 입고 오셨습니다. 그래서 성육신이라고 합니다.

4차원 영역에 영원하신 하나님이 인류의 대속을 위해 3차원 세계로 내려오신 것입니다.

3차원의 생각을 가지고 있는 사람들은 4차원의 세계를 이해하지 못합니다.

왜요?

믿음이 없기 때문입니다.

히브리서 11장 6절에 뭐라고 말씀하고 있습니까?

"믿음이 없이는 하나님을 기쁘시게 하지 못하나니 하나님께 나아가는 자는 반드시 그가 계신 것과 그가 장기를 찾는 자들에게 상 주시는 이심을 믿어야 할지니라"

믿음의 생각, 믿음의 말, 믿음이 없이는 하나님께 영광을 돌릴 수 없을 뿐만 아니라 하나님을 기쁘시게 하실 수 없다는 것입니다.

다시 말하면 하나님은 어떤 사람을 기뻐하시느냐?

믿음이 있는 자, 믿음이 굳건한 자, 하나님을 아버지로 시인하고 자랑하는 자들을 하나님이 기뻐하신다는 말씀입니다.

그런데 히브리서 11장 6절에 하나님은 믿음을 통해 기뻐 받으시고 하나님께 나아가는 자 즉 믿음의 사람은 하나님께서 지금 반드시 계신 것과 하나님을 찾는 자들에게 상(축복, 높임, 영광 등) 주신다는 것입니다.

믿음의 역사나 기도의 응답의 역사는 4차원의 세계입니다.

인류 역사상 죠지뮬러는 고아의 아버지, 기도의 아버지, 기도의 거장이었습니다.

성경에서는 어떤 사람이 기도의 거장입니까?

선지자 엘리야입니다.

그는 과연 기도의 세계를 알고 체험하며 응답을 받았던 사람이 엘리야 선지자입니다.

1. 응답될 줄 믿고 기도하라

엘리야 선지자가 아합 왕에게 말합니다.

"올라가서 먹고 마시소서 큰 비소리가 있나이다"(열왕기상 18:41)

지금 이스라엘은 어떤 상황입니까?

1년도 아니고 2년도 아니고 3년 6개월 동안 비가 내리지 않았습니다. 그야말로 저주입니다.

워낙 이스라엘 지역이 비가 잘 오는 지역이 아니기 때문에 비가 귀하고 물도 귀합니다. 그런데 그 마저도 1년도 아니고 3년 6개월 동안 땅에 비가 오지 않았습니다.

하나님의 심판입니다.

아합왕과 이세벨이 온 땅과 산지에 바알 우상을 세우고 섬기고 있으니 하나님께서 축복해 주시겠느냐는 말씀입니다.

이스라엘 성지 순례를 했습니다.

사울 왕을 피해 다윗이 숨었던 '엔게디 동굴'에 가보았습니다.

'엔게디'라는 말은 새끼염소의 샘이라는 뜻입니다.

엔게디 동굴 주차장 주위는 그야말로 사막이었습니다.

산에 나무도 없고 풀 한포기 자라지 않습니다. 그래서 다윗이 엔게디 동굴로 피신했을 때 힘들었겠다고 생각했습니다.

그런데 동굴을 향해 주차장에 내려서 15분 올라가다 보니까 나무들이,

풀들이 나타나기 시작했고 조금 더 올라가니까 시냇물이 흐르기 시작했으며 30~40분 엔게디 동굴에 도착했는데 그야말로 '신천지'입니다.

산꼭대기 위에서 폭포수가 떨어지기 시작했습니다.

그야말로 '기적'입니다.

산 밑에는 메마른 사막입니다. 산에 나무와 풀은 없고 암벽과 황토색깔의 그야말로 사막입니다. 그야말로 '반전'이요 하나님의 은혜의 역사를 보여주는 것 같았습니다.

지금 엘리야 선지자는 하나님의 음성, 영음을 듣고 있는지 모릅니다.

아합왕 입장에서도 "엘리야가 실성했냐, 미쳤나" 3년 6개월 동안 비가 오지 않으니 선지자도 미쳐가는 구나 생각했는지 모릅니다.

엘리야 선지자는 확신했습니다.

하나님은 지금도 살아계신 하나님이시고 우리의 기도에 응답해 주는 분임을 확신했습니다.

2. 간절한 마음으로 기도하라.

엘리야는 작정을 하고 갈멜산 산꼭대기에 올라갔습니다.

성경은 이렇게 말씀해 주고 있습니다.

열왕기상 18장 42절입니다.

"아합이 먹고 마시러 올라가니라 엘리야가 갈멜산 꼭대기로 올라가서 땅에 꿇어 엎드려 그의 얼굴을 무릎 사이에 넣고"

그의 간절한 마음의 기도 태도입니다.

엘리야는 지금 어떤 말씀을 품고 있습니까?

"하나님 이 기도에 꼭 응답해 주셔야 합니다. 이 기도, 이 문제를 해결해 주시지 않으면 물러설 수 없습니다."

기도의 용장, 거장이 되는 비결은 이런 마음의 자세입니다.

간절한 마음으로 하나님을 찾고 부르짖을 때 하나님의 은혜의 역사, 기적의 역사가 일어남을 믿으시기 바랍니다.

그래서 이 말씀을 삶에 적용하면 삶의 문제에 기도제목을 세우고 작정 기도하며 기도에 집중하는 것입니다.

요한복음 4장 23절에도 하나님은 어떤 자를 찾으시느냐?

영과 진리로 예배하는 자를 하나님이 찾으신다는 것입니다.

간절함과 집중의 기도로 응답받으시기를 바랍니다.

3. 끈질기게 기도하라.

엘리야 선지자는 사환에게 일렀습니다. 산에 올라가서 바다 쪽을 바라보고 와서 보고하라고 했습니다.

사환이 올라가보니 바다 쪽을 아무리 헤아려 보아도 바람 한 점, 구름 한 점 없습니다. 돌아와서는 "아무 것도 없나이다"

엘리야 선지자는 낙심하지 않고 포기하지 않았습니다.

두 번째 올라가 보라 "아무것도 없나이다"

세 번째도 올라가 보라 "아무것도 없나이다"

네 번째, 다섯 번째, 여섯 번째 사환이 올라가 보았지만 아무것도 없었습니다.

엘리야 선지자는 7번째 올라가 보라고 했습니다.

일곱 번째 올라갔을 때 성경은 이렇게 말씀하고 있습니다.
열왕기상 18장 44절 함께 읽겠습니다.

"일곱 번째 이르러서는 그가 말하되 바다에서 사람의 손 만한 작은 구름이 일어나나이다. 이르되 올라가 아합에게 말하기를 비에 막히지 아니하도록 마차를 갖추고 내려가소서 하라 하니라"

엘리야 선지자는 '손 만한 작은 구름'이 보인다는 말만 듣고 소낙비가 내릴 것, 큰비가 내릴 것을 내다보았습니다.
기도 응답의 비결은 '응답이 될 때까지 기도하는 것'입니다.
유대인에게 있어서 '7'이라는 숫자는 양적으로 완전 숫자입니다.
일곱 번 기도했다는 말씀은 그가 포기하지 않고 기도했다는 것입니다.
그 결과로 하나님의 응답이 이루어졌습니다.
하나님을 만나는 것도 마찬가지입니다.
예수님께서 말씀하셨습니다.

"무엇이든지 기도하고 구하는 것은 받은 줄로 믿으라 그리하면 너희에게 그대로 되리라"(마가복음 11:24)

기도응답을 받으므로 하나님의 살아계시고 역사하심을 체험하며 기쁨의 인생, 축복의 인생, 성령 충만한 삶이 되시기를 바랍니다.

믿음의 거장 아브라함

히브리서 11:8~12

  믿음으로 아브라함은 부르심을 받았을 때에 순종하여 장래의 유업으로 받을 땅에 나아갈새 갈 바를 알지 못하고 나아갔으며 믿음으로 그가 이방의 땅에 있는 것 같이 약속의 땅에 거류하여 동일한 약속을 유업으로 함께 받은 이삭 및 야곱과 더불어 장막에 거하였으니 이는 그가 하나님이 계획하시고 지으실 터가 있는 성을 바랐음이라 믿음으로 사라 자신도 나이가 많아 단산하였으나 잉태할 수 있는 힘을 얻었으니 이는 약속하신 이를 미쁘신 줄 알았음이라 이러므로 죽은 자와 같은 한 사람으로 말미암아 하늘의 허다한 별과 또 해변의 무수한 모래와 같이 많은 후손이 생육하였느니라

  서커스단에서 서커스 하는 사람이 코끼리를 세워놓고 이렇게 말했습니다.

  "이 코끼리 눈에서 눈물이 나게 하는 사람에게는 100만원을 드리겠습니다."

  많은 사람이 와서 눈물 나게 하려고 애를 썼습니다.

  고추 가루도 뿌려보고 뺨을 때려 보기도 하였습니다. 매운 연기도 피워 보았습니다. 그러나 모두 실패했습니다.

그런데 어느 한 목사님이 나오더니 말했습니다.

"내가 코끼리를 울려보지요"

그리고 귀에 대고 한참 동안 말을 했습니다.

코끼리가 줄줄 눈물을 흘렸습니다.

사람들이 놀라서 물었습니다.

"무슨 말을 했기에 코끼리가 눈물을 흘리나요?"

그러자 목사님도 눈에 눈물을 머금은 채 말했습니다.

"내가 개척할 때 이야기를 하였지요"

서커스 하는 사람이 다시 말했습니다.

"이번에는 코끼리를 펄쩍 펄쩍 뛰게 하는 사람에게 100만원을 드리겠습니다."

또 사람들이 이런 방법 저런 방법으로 코끼리를 뛰게 하려고 애를 썼습니다. 그러나 코끼리는 꿈쩍도 하지 않았습니다.

다시 그 목사님이 앞으로 나오더니 말했습니다.

"내가 다시 한 번 해보지요"

그리고 역시 코끼리 귀에 대고 무슨 말을 하였습니다.

코끼리가 펄쩍펄쩍 뛰었습니다.

그래서 다시 100만원을 받았습니다.

사람들이 물었습니다.

"무슨 말을 하였나요?"

목사님이 말을 했습니다.

"너 나하고 개척할래?"

그렇습니다.

개척은 힘든 것입니다.

교회개척은 어려운 것입니다. 남이 가보지 않은 길을 간다는 것은 위험하고 시행착오가 많고 힘든 것입니다.

우리 교회가 어떤 교회입니까?

교회가 무너지는 상황(시대)에서 개척한 교회가 청라믿음의교회입니다. 그리고 하나님의 기적 중에 성전건축을 이루었습니다.

개척을 이기고 큰 부흥과 비젼이 우리 눈 앞에 놓여 있습니다.

우리가 아브라함을 믿음의 거장이라 부르는 이유가 있습니다.

그 이유가 무엇입니까?

그가 개척자이기 때문입니다.

어떤 면에서 아브라함은 하나님의 신앙 개척자입니다. 기독교신앙의 원조 개척자입니다.

사람들이 안주하고 불신앙으로 가득 찰 때 아브라함은 하나님의 말씀에 그의 인생을 걸었고 그의 말씀대로 힘든 역경과정을 순종하고 그대로 믿었기 때문입니다.

아브라함은 창세기 12~25장에 걸쳐 그의 인생 이야기가 나오는데 히브리서 11장에서 그가 믿음의 거장임을 증명해 주고 있습니다.

믿음의 거장은 아무나 되지 않습니다.

믿음으로 개척에 뛰어들 때 하나님이, 하나님께서 축복해 주십니다.

믿으시면 아멘입니다.

1. 보이지 않는 것을 보는 것이다.

믿음이 그렇다는 말씀입니다.

인간적 방법으로 생각하는 것은 믿음이 아닙니다.

계산하고 인간적 방법으로 행하면 믿음생활이나 신앙생활을 잘 할 수가 없습니다.

하나님께 헌금 내는 것, 주일성수, 십일조신앙 등 믿음이 있어야 합니다.

왜요?

하나님이 채워주시기 때문입니다.

근검절약하는 것도 중요하지만 너무 과도한 것은 불신앙이 될 수 있습니다. 하나님을 위하여 교회를 위하여 헌신하고 드리는 것은 믿음으로 해야 합니다.

신앙생활에 최소안 이 두 가지는 목숨걸고 해야 합니다. 주일성수와 십일조신앙입니다.

십일조는 10의 1을 하나님께 헌금으로 헌물로 드리는 것입니다. 그래야 하나님께서 축복해 주십니다. 이것은 믿음으로만 가능합니다.

아브라함은 장래에 유업으로 받을 땅에 나가는데 갈 바를 얻지 못하고 나갔다는 것입니다.

하나님께서 아브라함에게 젖과 꿀이 흐르는 가나안 땅은 너의 것이고 너로 인하여 만민이 축복을 받을 것이다 이 말씀에 인생을 마무리 해야 하는 나이 75세에 믿음으로 본토, 친척 아버지 집을 떠나 하나님께서 지시할 땅으로 갔습니다.,

히브리서 11장 8절 말씀 함께 읽습니다.

"믿음으로 아브라함은 부르심을 받았을 때에 순종하여 장래의 유업으로 받을 땅에 나아갈 때 갈 바를 알지 못하고 나아갔으며"

믿음은 보이지 않는 것을 보는 것입니다.
귀에 안 들리는 것을 듣는 것입니다.
손에 잡히지 않는 것들을 손에 잡는 것입니다.
이것이 믿음입니다.

2. 천성을 바라는 것이다.

우리 인생은 최희준(원로가수)씨의 유명한 노래 '하숙집' 처럼 나그네 인생
입니다.
잠깐 머물다가 하나님이 부르시면 가는 인생이 우리네 인생이다 이 말씀
입니다.

믿음의 거장 아브라함은 이 의식이 분명했습니다. 이 땅에서 누릴 하나
님의 축복도 중요하지만 하나님께서 예비하실 새 성 즉 천성에 대한 기대
가 매우 컸습니다.
히브리서 11장 10절입니다.
아브라함은 새 천성을 바라고 사모했습니다.

"이는 그가 하나님이 계획하시고 지으실 터가 있는 성을 바랐음이라"

천국, 천성을 믿지 못하는 사람은 믿음 없는 사람입니다. 불신앙입니다.
예수님을 위해 생명을 던졌던 믿음의 순교자들은 하나님이 계획하시
고 지으실 때가 있는 성을 분명히 믿고 확신했습니다.
아브라함은 이 세상 장막에 거하면서 나그네 생활을 기쁨으로 할 수
있었던 이유는 그가 영원한 천성을 사모한 까닭, 영원한 천성을 사모한

까닭입니다.

믿음은 눈에 보이는 세계 뿐만 아니라 눈에 보이지 않는 영원한 세계를 바라고 믿고 사모하는 마음입니다.

그러면 어떻게 되는 것입니까?

사람들에게 가장 큰 고통인 죽음을 이길 수 있습니다.

고린도전서 15장 55~57절 말씀입니다.

"사망아 너의 승리가 어디있으냐 사망아 네가 쏘는 것이 어디 있느냐 사망이 쏘는 것은 죄와 죄의 권능은 율법이라 우리 주 예수 그리스도로 말미암아 우리에게 승리를 주시는 하나님께 감사하노니"

사망을 극복하는 승리의 비결은 예수그리스도의 믿음으로 승리한다는 것입니다.

3. 하늘의 허다한 별과 해변의 무수한 모래처럼 축복(번성)

믿음으로 나가니까 하나님께서 그 믿음을 축복하사 엄청난 축복으로 역사하신 것을 말씀하고 있습니다.

히브리서 11장 12절입니다.

"이러므로 죽은 자와 같은 한 사람으로 말미암아 하늘의 허다한 별과 또 해변의 무수한 모래와 같이 많은 후손이 생육하였느니라"

이는 하나님의 엄청난 축복과 번성을 말씀하는 것입니다.

믿음으로 나가는 사람은 반드시 하나님의 축복을 얻습니다.

예배에 나온 여러분들을 하나님께서 반드시 축복해 주시기 바랍니다.

주일 성수과 십일조 신앙에 생명을 거시기 바랍니다.

하나님께서 어떻게 역사하시는지 여러분의 삶 속에서 경험하고 체험하게 될 것입니다.

믿음의 거장 아브라함처럼 하나님의 놀라운 축복을 날마다 경험하시기 바랍니다.

제 4 부

예배자를 찾으시는 하나님

호산나 찬송하리로다 주의 이름으로(마가복음 11:1~11)

하나님은 나의 목자이시니(시편 23:1~6)

환난 중에 소망을(로마서 5:1~5)

축복의 사람(시편 1:1~6)

예배자를 찾으시는 하나님(요한복음 4:20~26)

그가 오신 이유(누가복음 2:8~20, 마가복음 10:45)

기쁨으로 여호와께 감사하라(시 100:1~5, 출 23:14~17)

네가 나를 사랑하느냐(요 21:15~23)

복음전파는 성령의 능력으로(1)(사도행전 1:1~11)

복음전파는 성령의 능력으로(2)(사도행전 1:1~11)

행복선언(1) 심령이 가난한 자는 복이 있나니(마태복음 5:1~12)

걸음을 인도하시는 여호와(잠언 16:9, 베드로전서 5:7)

호산나 찬송하리로다 주의 이름으로 오시는 이여

마가복음 11:1~11

그들이 예루살렘에 가까이 와서 감람 산 벳바게와 베다니에 이르렀을 때에 예수께서 제자 중 둘을 보내시며 이르시되 너희는 맞은편 마을로 가라 그리로 들어가면 곧 아직 아무도 타 보지 않은 나귀 새끼가 매여 있는 것을 보리니 풀어 끌고 오라 만일 누가 너희에게 왜 이렇게 하느냐 묻거든 주가 쓰시겠다 하라 그리하면 즉시 이리로 보내리라 하시니 또는 즉시 돌려 보내리라 하라 하시니 제자들이 가서 본즉 나귀 새끼가 문 앞 거리에 매여 있는지라 그것을 푸니 거기 서 있는 사람 중 어떤 이들이 이르되 나귀 새끼를 풀어 무엇 하려느냐 하매 제자들이 예수께서 이르신 대로 말한대 이에 허락하는지라 나귀 새끼를 예수께로 끌고 와서 자기들의 겉옷을 그 위에 얹어 놓으매 예수께서 타시니 많은 사람들은 자기들의 겉옷을, 또 다른 이들은 들에서 벤 나뭇가지를 길에 펴며 앞에서 가고 뒤에서 따르는 자들이 소리 지르되 호산나 찬송하리로다 주의 이름으로 오시는 이여 찬송하리로다 오는 우리 조상 다윗의 나라여 가장 높은 곳에서 호산나 하더라 예수께서 예루살렘에 이르러 성전에 들어가사 모든 것을 둘러 보시고 때가 이미 저물매 열두 제자를 데리시고 베다니에 나가시니라.

교회 절기로 종려주일입니다.

예수님께서 십자가 대속을 이루시기 위해 예루살렘으로 입성을 하시게 됩니다. 이 때 나귀를 타고 입성하신 예수님을 환영하고 종래나무 가지를 꺾어 예수님의 입성을 대대적으로 환영하게 됩니다.

"호산나 찬송하리로다"
호산나의 뜻이 무엇입니까?
"원컨대 구원하소서"
시편 118편 25절을 인용한 말씀입니다.
시편 118편 25절입니다.

"여호와여 구하옵나니 이제 구원하소서 우리가 구하옵나니 이제 형통하게 하소서"

종려나무 가지를 꺾어 예수님을 환영하고 예수님 가시는 길에 종려나무 벤 가지를 길에 편 날을 기념한 절기가 종려주일입니다.

예수님의 마지막 사역 일주일을 고난주간이라고 하는데 고난주간의 시작은 예루살렘 입성을 하는 종려주일부터 시작을 하게 되는 것입니다.
안식 후 첫 날부터 금요일(십자가 못 박히신 날)까지 이니 엄밀하게 말씀 드리면 고난주간은 6일이라 할 수 있습니다.
복음서의 이 고난주간의 예수님 마지막 사역이 얼마나 중요한 지 각 복음서마다 40%전후 내용을 차지하고 있습니다.
대중들의 입장에서 볼 때에는 이 세상 메시야로 오신 예수님의 입성을 축하하는 영광과 기쁨의 날이지만 예수님께는 인류 대속의 제물로 바쳐지는 고통과 고난의 입성이라 말할 수 있다는 것입니다.
부활절 버금가는 종려주일을 맞이하는 성도 여러분의 인생에 예수님이 왜 오셨는지 다시한번 은혜와 고난을 경험하는 시간이 되시기를 바랍니다.

1. 십자가 지심으로 온 인류의 죄를 대속함입니다.

복음서 말씀에 보면 예수님은 공생애 기간 동안 여러 번에 걸쳐서 예루살렘에 올라가셨습니다. 그러나 오늘 예루살렘 입성은 단순한 절기를 지키거나 사역을 위해서 가시는 것이 아니라 '때가 되시매' 예루살렘에 입성하시게 됩니다.

궁극적 이유가 무엇입니까?

"십자가를 지시기 위해서 입니다"

쉽게 말하면 '죽으시기 위해'

누구를 위해서 입니까?

온 인류의 죄악을 친히 담당하시기 위해 죽으시려 예루살렘에 가시게 되었다는 말씀입니다.

마가복음 10장 45절에 예수님께서 이 세상에 왜 오셨는가? 분명하게 말씀해 주시고 있습니다.

마가복음 10장 45절 찾아 함께 읽습니다.

"인자가 온 것은 섬김을 받으려 함이 아니라 도리어 섬기려 하고 자기 목숨을 많은 사람의 대속물로 주려 함이니라"

로마서 말씀에 의하면 예수님은 두 번째 아담으로 오셨는데 첫 번째 아담은 불순종으로 말미암아 세상에 죄악이 가득하게 되었고, 두 번째 아담인 예수님으로 말미암아 그의 피로 모든 사람이 구원 받을 가능성이 생겼으니 이보다 더 큰 은혜가 어디 있겠느냐 이 말씀입니다.

로마서 5장 19절입니다.

"한사람이 순종하지 아니함으로 많은 사람이 죄인 된 것 같이 한 사람이 순종하심으로 많은 사람이 의인이 되리라"

생명을 내 놓는 것, 무엇보다 그 당시 십자가에 달려 생명을 내 놓은 것은 참으로 고통스럽고 어려운 일이었습니다.

왜요?

십자가는 정치적 사형인데 사람을 가장 잔인하게 죽이는 방법입니다.

뿐만아니라 구약시대부터 십자가 곧 무릇 나무에 달린 자마다 하나님께 저주받은 인생이라 생각했기 때문입니다.

초대교회 교부였던 시프리안(Cyprian)은 첫 번째 박해시대에 도망갔습니다.

두 번째 핍박시대에는 마지막 말이 "하나님, 감사합니다" 하셨다고 합니다.

순교하면서도 감사함으로 하나님을 더욱 영화롭게 하였다는 것입니다.

아버지 품속에 독생하신 하나님이시지만 육신을 입으셨기에 십자가 앞에서 많은 번민과 고통은 이루 말할 수 없었습니다.

겟세마네 동산에서 예수님의 기도 "아버지여 이 잔을 내게서 옮기시옵소서. 그러나 나의 원대로 마옵시고 아버지의 원대로 하옵소서"

오늘 교회가 있고 성도가 있는 이유는 예수님의 십자가 대속이 있었기에 구원과 영생이 있음을 믿으시기 바랍니다.

2. 나귀를 타고

우리는 어떤 메시야를 기다립니까?

많은 사람들은 악인들을 물리치고 세상을 정복하는 메시야로 오시기를 기대합니다.

나폴레옹 황제처럼, 천하를 호령하는 멋진 말을 타고 온 세상을 지배하는 개선장군의 모습을 그립니다.

제자들도 아마 그렇게 생각했을 것입니다.

대제사장을 비롯한 서기관, 바리새인들도 그렇게 생각했습니다.

'정치적 메시야'

헬라제국, 로마제국으로부터 우리를 구원해 줄 메시야 바로 그런 분이었습니다.

대중과 무리들도 마찬가지입니다.

여러분은 어떻게 생각하십니까?

그런데 예수님께서 예루살렘 입성하실 때 아주 멋있고 야생마와 같은 말을 타시지 않았습니다.

오히려 개보다 조금 더 큰 나귀를 타고 입성을 하시고 있는 것입니다. 그것도 나귀새끼입니다.

그러니 얼마나 작습니까?

예수님은 제자들을 보내시며 아무도 타보지 아니한 나귀새끼가 매여 있는 것이 있으니 끌고 오라 하셨습니다.

왜요?

"주가 쓰시겠다"는 것입니다.

예수님은 전능하신 하나님이십니다.

제자 둘이 예수님 말씀처럼 나귀새끼를 끌고 오고자 하되 주인이 왜 나귀새끼를 풀어 쓰게 하느냐 할 때 "주가 쓰시겠다" 하심으로 허락했다고 말씀하셨습니다.

왜 나귀 주인이 허락한 이유가 무엇입니까?

예수님의 초자연적인 권능으로 말미암아 그의 마음이 감동 받았기 때문에 나귀주인이 헌신한 것임을 믿으시기 바랍니다.

'나귀를 타고' 오셨다는 말은 예수님께서 평화의 왕으로 오신 분임을 상징하고 있습니다.

나귀는 평화의 상징입니다.

사람들은 본래 정치적 메시야를 기대하나 예수님께서 정치적 메시야로 오셨다면 온전한 세상의 구원을 이루지 못 했을 것입니다.

예수님은 정치적 메시야로 오심이 아니고 온 이 모든 사람의 구원을 위한 구세주로, 메시야로 오심을 믿으시기 바랍니다.

3. 호산나 찬송하리로다 주의 이름으로 오시는 이여!

예수님께서 나귀를 타고 예루살렘에 입성하셨을 때 기쁨과 영광의 축제였습니다,

그 상황을 성경은 이렇게 말씀해 주고 있습니다.

마가복음 11장 8~9절입니다.

"많은 사람들은 자기들의 겉옷을, 또 다른 이들은 들에서 벤 나뭇가지를 길에 펴며 앞에서 가고 뒤에서 따르는 자들이 소리 지르되 호산나 찬송하리로다 주의 이름으로 오시는 이여"

마가복음 11장 10절입니다.

"찬송하리로다 오늘 우리 조상 다윗의 나라에 가장 높은 곳에서 호산나 하더라"

'호산나'는 '원컨대 구원하소서'입니다.

사람들이 옷을 깐 것은 왕을 축하한다는 말이고 나뭇가지는 종려나무가지인데 승리의 표식으로서 군왕의 입성식을 그것으로 축하하는 풍속이 있었습니다.

"오늘 우리 조상 다윗의 나라에"

이 말은 "메시야로 말미암아 이루어지리라"고 유대인들이 기다리던 소망이었습니다.

호산나 다윗의 자손이여!

이 세상에 우리를 구원하실 분은 육신의 몸을 입고 오신 하나님이신 예수 그리스도이십니다.

오늘 우리에게 소망이 있는 이유는 예수님의 십자가 구속이 죄와 사망 가운데 우리를 구원하셨으며 인생이 유한하게 끝남에도 예수님의 십자가 대속이 있으므로 우리에게 영생을 주셨으니 우리에게 소망이 있다는 말씀입니다.

"사망아 너의 승리가 어디 있느냐 사망아 내가 쓰는 것이 어디 있느냐 우리 주 예수 그리스도로 말미암아 우리에게 승리를 주시는 하나님께 감사하노니"(고린도전서 15:55~57)

고난주간이 시작되는 종려주일에 고난의 은혜가 함께하시므로 말씀으로 승리하는 인생이 되시기 바랍니다.

하나님은 나의 목자이시니

시편 23:1~6

여호와는 나의 목자시니 내게 부족함이 없으리로다 그가 나를 푸른 풀밭에 누이시며 쉴 만한 물 가로 인도하시는도다 내 영혼을 소생시키시고 자기 이름을 위하여 의의 길로 인도하시는도다 내가 사망의 음침한 골짜기로 다닐지라도 해를 두려워하지 않을 것은 주께서 나와 함께 하심이라 주의 지팡이와 막대기가 나를 안위하시나이다 주께서 내 원수의 목전에서 내게 상을 차려 주시고 기름을 내 머리에 부으셨으니 내 잔이 넘치나이다 내 평생에 선하심과 인자하심이 반드시 나를 따르리니 내가 여호와의 집에 영원히 살리로다.

여러분들이 잘 알고 있는 시편 23편의 내용입니다.

주일학교 다닐 때 시편 23편 찬양에 많은 은혜를 받았습니다.

찬송가 몇 장입니까?

568장인데 1절만 2번 다 함께 부르겠습니다.

"하나님은 나의 목자이시니 내게 부족함이 없으리로다

나로 하여금 푸른 풀밭에 눕게 하시며

잔잔한 물가로 인도하여 주시네"

초등부 5학년, 6학년 교회학교에서 인천 장수동으로 소풍을 갑니다. 그러면 옆에 있는 짝과 손을 마주 잡고 걸으면서 찬송을 부릅니다.

어릴 때였지만 아름다운 자연을 보면서 '여호와는 나의 목자이시다' 찬송을 부를때에 많은 감동과 은혜를 받았습니다.

사랑하는 성도 여러분!

시편 23편은 다윗 왕의 시입니다.

다윗이 하나님께 왕으로 부름 받고 이스라엘 왕에 올라가기까지 얼마나 많은 시험과 죽음의 위기가 있었습니까?

그런 위기를 당할 때마다 '여호와는 나의 목자', '하나님은 나의 목자' 신앙이 그런 모든 것을 이길 수 있었음을 믿으시기 바랍니다.

다윗은 어려서부터 양치기였습니다.

양을 지키면서 늑대나 여우, 각종 들짐승을 직면할 때마다 하나님을 의지했고 양을 보호하고 지켰습니다.

늑대를 만날 때마다 어린 다윗에게 얼마나 두렵고 무서웠겠습니까?

후에 골리앗 장군을 물맷돌 5개로 쓰러뜨린 것은 우연이 아니었습니다. 어린 시절에 이미 갈고 닦은 실력입니다. 그렇다 하더라도 하나님이 함께 하시는 신앙이 아니었다면 다칠 수 밖에 없었고 죽을 수 밖에 없었을 것입니다.

여호와는 나의 목자, 하나님은 나의 목자 신앙이 여러분의 삶과 신앙생활이 되시기를 바랍니다.

1. 그가 나를 푸른 풀밭에 누이시며

무슨 말씀입니까?

하나님은 내 인생에 가장 좋은 길로, 가장 좋은 곳으로, 가장 큰 축복으로 인도하신다는 것입니다.

다윗에게 하나님은 어떻게 오셨는가 하면 '목자'로 오셨습니다.

양의 생명과 양의 모든 것은 주인 되시는 목자에게 달려 있습니다.

요한복음 14장에서 예수님께서 '나는 선한 목자'라고 말씀하셨습니다.

하나님은 누구이십니까?

'나의 목자'

여러분의 목자이심을 믿으시기 바랍니다.

여러분의 목자는 누구입니까?

하나님이십니다.

담임목사는 옆의 갓길로 가지 않도록 인도하고 지도하는 사람에 불과하다는 것입니다.

왜 이단들이 나오는 것입니까?

'자기가 목자라는 것입니다.'

우리와 나의 목자는 예수 그리스도이시며 하나님이십니다.

그래야 신앙생활을 잘 할 수 있습니다.

목회자가 목자라는데 부족한 인성이 나타나면 실망하게 됩니다.

오늘 성경을 보세요!

다윗 왕은 충분히 이스라엘 민족의 목자라고 해도 비판, 비난할 사람이 없습니다. 그런데 다윗은 '스스로 나는 주님의 종이고 심부름꾼이지 목자가 아닙니다. 목자는 하나님이십니다.'

그의 고백입니다.

목자라면 양들의 인생을 책임져야 합니다.

여러분의 인생을 책임지실 분은 유일하신 하나님, 목자이신 하나님이심을 믿으시기 바랍니다.

양의 먹이와 음식은 푸른 풀밭이며 잔잔한 물가입니다.

푸른 풀밭으로 인도되어서 맛있게 음식을 먹고 쉴만한 물가로(천천히 흐르는 물) 인도되어서 양들이 먹기가 너무 좋고 살찌게 되는 것입니다.

이 모든 일은 누구의 도움이 필요합니까?

선한 목자입니다.

내 인생을 가장 좋은 곳으로 인도하시고 풍성한 축복을 주십니다.

선한 목자이신 하나님께서 여러분의 인생을 도우시고 보호하시며 인도하심을 믿으시기를 바랍니다.

2. 사망의 음침한 골짜기에서 나와 함께

개인적으로 어려움을 겪을 때마다 암송했던 성경말씀이 시편 23편 4절 말씀입니다.

이 말씀을 암송하고 묵상했습니다.

그럴 때마다 힘을 얻었습니다. 소망을 얻었습니다.

외워볼까요?

"내가 사망의 음침한 골짜기를 다닐지라도 해를 두려워하지 않을 것은 주께서 나와 함께 하심이라 주의 지팡이와 막대기가 나를 안위하시나이다"(시편 23:4)

여러분!

인생의 길에 평안의 길만 있습니까?

어떨 때는 슬픔의 골짜기도 있습니다.

어떤 때도 하나님이 도와주시지 않으면 안 되는 시련과 시험, 역경이 있습니다.

성경에 '음침한 골짜기'는 위험의 극단입니다.

그 위험한 극단에서도 두려워하지 않습니다.

왜요?

하나님께서 나와 함께 하시기 때문입니다.

어떤 성경학자는 말하기를 성경에 '두려워하지 말라'라는 말과 그와 유사한 말이 365번이나 있다고 했습니다.

무슨 말씀입니까?

"1년 내내, 평생 내내 두려워하지 말라"

왜요?

하나님께서 나와 함께 하시기 때문입니다.

주의 지팡이와 막대기는 양들을 인도하며 맹수로부터 보호합니다.

이처럼 하나님께서는 하나님의 백성들을 보호하시며 나를 인도하시며 어떤 환란을 당하나 승리케 하심은 하나님께서 함께 하시기 때문입니다.

3. 내 평생에 선하심과 인자하심이 따르리니

하나님이 함께 하시지 아니하면 인생이 쉽지 않습니다.

불교의 석가모니는 '인생을 생로병사'라고 했는데 하나님이 없으면 인생을 사는 것이 고통스럽다고 볼 수 있습니다.

하나님이 없는 인생이나 종교도 인생 삶 자체가 고행입니다. 그럼에도 불구하고 하나님께서 계시기에 인생에 아름답고 가치와 기쁨이 충만한 것입니다.

오늘 성경 마지막 마무리 말씀이 무엇입니까?

함께 읽겠습니다.

"내 평생에 선하심과 인자하심이 반드시 나를 따르리니 내가 여호와의 집에 영원히 살리로다"(시편 23:6)

할렐루야!

다윗은 하나님의 은혜와 사랑을 많이 받았습니다.

과거의 받은 은혜의 체험이 그의 장래까지도 영원할 것임을 확신하고 있습니다.

지금까지 내게 하나님께서 선하심과 인자하심이 함께 했던 것처럼 앞으로도 영원히 평탄할 것임을 확신하고 있는 것입니다.

사랑하는 성도 여러분!

여러분의 인생에 하나님의 선하심과 인자하심이 영원 하시기를 축복합니다.

많은 사람들이 실의에 빠지고 절망에 빠지며 혹은 죽는 이유가 무엇입니까?

하나님의 선하심과 인자하심을 경험하지 못했기 때문입니다.

하나님의 선하심과 인자하심은 세상이 주는 행복이 아닙니다.

하나님께서 주시는 기쁨이요 행복입니다.

목자 되시는 하나님, 하나님이 여러분의 목자 신앙으로 풍성한 복을 얻으며 풍성한 축복을 누리시기 바랍니다.

환난 중에 소망을

종편채널에 역사학을 잘 가르치는 강사 한 분을 보았습니다.

에너지가 있고 현재의 시대에 지나온 역사를 바라보고 통찰력이 뛰어나다고 생각했습니다.

강의 중에 연예인 한 분이 질문을 했습니다.

"지금 대한민국이 태평성대한 것 같냐 아니면 어떤 시대입니까?"를 물었습니다.

그 강사님의 대답은 난세와 태평성대 중간 즉, 도약기라고 대답했습니다.

그리고 젊은이들에 대해 "요즘 젊은이, 청년들이 소망(꿈)이 없다" 질문을 던졌습니다.

산업화 시대의 청년들은 "조금만 노력하면 잘 산다"는 소망이 있었고 민주화 시대의 청년들은 "조금만 노력하면 민주화 될 수 있다"는 소망이 있었는데 요즘 청년들은 꿈과 소망을 잃어버린 것 같아 대답했습니다.

미래에 대한 소망을 잃어버렸다는 것입니다.

그분의 강의를 들으면서 감동을 받았고 공감을 했습니다.

사랑하는 성도 여러분!

소망은 미래적인 것입니다.

미래가 없다는 것은 현재의 고난이나 환난을 이길 수가 없습니다.

미래가 있다는 것은 현재 어떤 환난이나 곤고나 고난도 능히 이기 수 있는 자신감을 가질 수 있다는 것입니다.

여러분의 소망은 무엇이며 평생의 소망은 무엇입니까?

좀 더 구체적으로 올해 여러분의 소망은 무엇입니까?

오늘 성경은 말씀합니다.

"다만 이뿐 아니라 우리가 환난 중에도 즐거워하나니 이는 환난은 인내를 인내는 연단을 연단은 소망을 이루는 줄 앎이로다"(로마서 5:3~4)

1. 인생이 소중하기 때문입니다.

왜 소망을 이루어야 합니까?

저와 여러분의 인생이 소중하기 때문입니다.

사람의 인생은 한 번 밖에 주어지지 않기 때문에 사람의 인생을 '일생(한 번 산다)'이라고 합니다. 그러니까 더욱 귀할 수 밖에 없습니다.

저는 개인적으로 인생이 두 번이었으면 육군군목으로 남아서 25년

~30년 군선교 했을 것입니다.

군목생활에 보람이 있었습니다. 생활도 보장되고 칭찬과 존경을 받았습니다. 그런데 인생은 한 번 이기에 육군군목 7년을 하고 민간교회로 그리고 교회개척에 뛰어들었습니다.

여러 어려움이 있었지만 '항상 소망을 품고' 하나님의 절대 은혜 가운데 아름다운 성전건축을 이루었고 그 이룬 기쁨은 이루다 말할 수 없었습니다.

사랑하는 성도 여러분!

손을 들고 옆에 있는 성도를 바라보고 이렇게 이야기해 주시기 바랍니다.

"당신의 인생은 정말 소중합니다"

긍정적으로 축복하는 여러분 모두가 다 되시기를 바랍니다.

2. 인내로 이겨야 합니다.

인내가 얼마나 중요한 지는 누구나 다 아는 일입니다.

인내의 기질이 있을 때 소망을 이룰 수 있습니다.

우리의 영원한 소망은 하나님의 나라입니다. 하나님의 나라에 들어가는 것입니다.

그런데 성경을 보면 내세의 축복 뿐만 아니라 현세의 축복도 많이 강조하고 있습니다.

마가복음 10장 29~30절입니다.

"예수께서 이르시되 내가 진실로 너희에게 이르노니 나와 복음을 위하여 집이나 형제나 어머니나 아버지나 자식이나 전토를 버린 자는 현세에 있어 형제와 자매와 아버지와 자식과 전토를 백배나 받되 박해를 겸하여 받고 내세에 영생을 받지 못할 자가 없느니라"

무슨 말씀입니까?

쉽게 말하면 주님을 위해서 열심히 헌신하고 충성한 자에게는 100배의 축복을 주신다는 것입니다.

어디에서?

지금 현세 말입니다.

환난과 핍박도 있다. 그리고 내세에서도 반드시 영생을 받을 것이라는 말씀입니다.

기독교의 신앙과 하나님의 축복은 내세 뿐만 아니라 이 세상에서의 소망과 축복도 말씀하고 있습니다.

야곱의 아들 요셉은 엄청난 수모를 겪었습니다.

인생이 아무리 모질다 할지라도 이복 형제들이 죽이고 폭력을 가할 수 있습니까?

그 엄청난 핍박과 상처, 수모를 요셉이 겪었습니다.

웬만한 사람 같으면 "차라리 죽는 것이 낫다"고 말할지 모르겠습니다. 그러나 요셉은 단 한 번도 부정적인 생각과 말, 불평을 말하지 않았습니다.

하나님이 내게 주실 엄청난 소망을 기대했던 것입니다. 그 기간, 시간을 인내로써 이긴 것입니다.

인내할 수 있는 이유는 소망이 있었기 때문입니다.

요셉이 무고하게 감옥에도 들어갔습니다. 죄를 짓지 않았는데 억울하게 감옥에 들어갔습니다.

이것처럼 세상에서 억울한 것이 어디 있습니까? 차라리 죄를 지었으면 모르겠습니다.

베드로전서 2장 19절입니다.

"부당하게 고난을 받아도 하나님을 생각함으로 슬픔을 참으면 이는 아름다우나"

요셉이 13년 인내 후에 애굽제국, 이집트제국의 실제 총리가 되었습니다.

요셉이 얼마나 기뻤을까?

기분이 굉장히 좋았을 것입니다. 입가에 웃음이, 기쁨이 넘쳤을 것입니다. 신나게 춤을 추었는지도 모릅니다.

소망이 바로 이런 것입니다.

사랑하는 성도 여러분!

이런 소망의 경험이 있습니까?

이런 소망이 여러분의 삶에 나타나시기를 바랍니다.

3. 인내를 이룸은 기쁨이 너무 크기 때문입니다.

성경을 찾아 읽겠습니다.

로마서 5장 3~5절입니다.

"다만 이뿐 아니라 우리가 환난 중에도 즐거워하나니 이는 환난은 인내를 인내는 연단을 연단은 소망을 이루는 줄 앎이로다 소망이 우리를 부끄럽게 하지 아니함은 우리에게 주신 성령으로 말미암아 하나님의 사랑이 우리 마음에 부은 바 됨이니"

2차대전이 시작될 무렵이었습니다.
미국 동북부 매사추세츠 해안에서 54 잠수함이 침몰하는 사고가 있었습니다.
잠수부들이 그들을 구하려고 잠수하러 들어갔습니다.
잠수함 속에 산소만큼 살 수 있는 운명입니다.
점점 산소가 사라지고 있었습니다.
안에서 모리스 부호로 철판을 두드렸습니다.
"아직 소망이 있는가?"
구조대가 철판을 모리스 부호로 두드렸습니다.
"절대 소망이 있다. 조금만 참아라"
이런 신호가 계속 오고 갔습니다.
드디어 잠수함 안에 있는 이들이 모두 구조되었습니다.

소망은 생명이요 기쁨입니다.
소망의 이유가 뭡니까?
이루 말할 수 없는 기쁨이 크기 때문입니다.
사도바울도 성령으로 말미암아 하나님의 사랑이 우리 마음에 부은 바 되었다 이 말씀입니다.
소망해야 할 이유입니다.
인생이 귀중하기에 소망을 이루어야 합니다,
인내의 과정을 통해 소망을 이룰 수 있습니다.
소망을 이룬 후 기쁨은 이루 말할 수 없습니다.

사랑하는 성도 여러분!

환난이 있고 시험이 있습니까?

예수님을 바라봅시다.

소망을 기댑시다.

환난 중에 소망을 이룸으로 말할 수 없는 기쁨이 충만 하시기 바랍니다.

축복의 사람

시편 1:1~6

복 있는 사람은 악인들의 꾀를 따르지 아니하며 죄인들의 길에 서지 아니하며 오만한 자들의 자리에 앉지 아니하고 오직 여호와의 율법을 즐거워하여 그의 율법을 주야로 묵상하는도다 그는 시냇가에 심은 나무가 철을 따라 열매를 맺으며 그 잎사귀가 마르지 아니함 같으니 그가 하는 모든 일이 다 형통하리로다 악인들은 그렇지 아니함이여 오직 바람에 나는 겨와 같도다 그러므로 악인들은 심판을 견디지 못하며 죄인들이 의인들의 모임에 들지 못하리로다 무릇 의인들의 길은 여호와께서 인정하시나 악인들의 길은 망하리로다.

한자어로 '축복'이 있고 '강복'이 있습니다.

'강복'은 말 그대로 하나님께서 내려 주시는 복입니다. 축복은 다른 사람이 잘되기를 바라거나 복을 비는 것이 축복입니다.

엄밀한 의미에서는 강복이 맞습니다만 강복이라는 말은 잘 쓰지 않고 축복이라는 말이 자연스러워서 하나님께서 내려주시는 복도 축복이라는 말을 쓰고 있습니다.

야곱이 압복강가에서 밤새도록 기도합니다.

밤새 기도하기로 작정했습니다. 내일 형님 에서를 만나는데 에서는 동생 야곱이 고향으로 20년 만에 돌아오는데 그를 죽이기 위해 400명 용사들과 함께 야곱을 만나러 오고 있습니다.

왜 오는 것입니까?

야곱을 죽이기 위해서입니다.

기가 막힌 일입니다.

형 에서는 분노가 풀리지 않아 복수의 마음을 20년 동안 가지고 있었습니다.

이 문제를 해결해 주실 분은 하나님밖에 없습니다.

창세기 32장 26절에 이렇게 야곱이 기도합니다.

"그(하나님의 사자)가 이르되 날이 새려 하니 나로 가게 하라 야곱이 이르되 당신이 내게 축복하지 아니하면 가게 하지 아니하겠나이다"

야곱이 하나님의 사자와 싸워 이긴 이름이 무엇입니까?

이스라엘입니다.

이스라엘은 '하나님이 다스리신다'. '하나님이 통치하신다' 뜻입니다.

그러니 야곱의 마음이 얼마나 기뻐했겠습니까?

응답을 받은 것 아닙니까? 죽을 뻔 했는데 말입니다.

그 다음날 야곱은 이미 은혜를 입었기에 형 에서와 좋은 만남, 축복의 만남을 짓게 되었습니다.

1. 말씀을 쫓아 사는 사람

오늘 말씀에 어떤 사람이 축복의 사람입니까?

어떤 사람이 축복의 사람이냐에 시인은 말씀 즉 여호와의 율법을 즐거워하며 그 율법을 주야로 묵상하는 사람이라고 했습니다.

더 쉽게 말하면 복있는 사람은 하나님과 사귀면서 말씀을 쫓아 사는 사람이라는 것입니다.

말씀을 쫓아 사는 사람은 악의 영역에서 들어서지 말라고 세가지 경고로 시작하고 있습니다.

첫 번째 경고는 무엇입니까?

악인들의 꾀를 쫓지 말라는 것입니다.

성도 여러분!

여러분의 친구, 지인, 동료 중에 다른 사람을 비판하고 불평불만 하는 사람하고 사귀지 말라는 것입니다.

늘 긍정적인 사람, 하나님을 경의하는 사람, 진실한 사람 등 가까이 하라는 것입니다.

"악인들의 꾀를 쫓지 아니하며…"

두 번째 경고는 무엇입니까?

"죄인들의 길에 서지 아니하며"

죄인들의 길에 가담하지 말라는 것입니다.

조폭영화나 2000년 초반에 흥행을 일으켰던 '친구'라는 영화를 보시기 바랍니다.

중고등학교 다닐 때 친구들을 괴롭히고 소위 세상 말로 '깡패 생활' 했던 사람들이 결국 조직폭력 깡패가 되고 감옥이나 드나들면서 불행한 삶으로 마감하는 것을 볼 수 있습니다.

그런 유형의 사람이 있다면 권면해야 합니다.

죄인들의 길에 서면 인생이 행복하지 못합니다.

세 번째 경고가 무엇입니까?

"오만한 자의 자리에 앉지 아니하고"

하나님이 없다고 불신하는 사람, 오만한 사람입니다.

하나님의 도움 없이 큰 소리를 하는 사람, 교만한 사람입니다.

돈이면 최고다 호언장담하는 사람, 오만한 사람입니다.

오만한 사람은 다 망했습니다.

율법을 쫓고 말씀을 쫓는 사람은 이런 세 가지 경고의 영역에 들어가지 말라는 것입니다.

불우의 환경일지라도 하나님을 잘 믿고 말씀을 쫓아 살아가면 반드시 축복의 사람이 될 수 있음을 믿으시기 바랍니다.

2. 철을 따라 열매 맺는 사람

아무리 사막이라도 오아시스가 있는 곳은 식물이 성장하고 나무의 열매가 맺힙니다.

왜 그렇습니까?

물이 있기 때문입니다.

말씀을 쫓아 사는 사람에게 성경이 어떤 축복이 있다고 했습니까?

시편 1편 3절입니다.

"그는 시냇가에 심은 나무가 철을 따라 열매를 맺으며 그 잎사귀가 마르지 아니함 같으니 그가 하는 모든 일이 다 형통하리로다"

한마디로 축복의 사람은 만사형통한 삶으로 하나님께서 축복해 주신다는 것입니다.

사랑하는 성도 여러분!

만사형통 하기를 바라십니까?

축복의 사람이 되시기를 바랍니다.

축복의 사람은 환경에 지배를 당하지 않습니다.

언제나 하나님께서 철을 따라 열매를 맺으며 형통하게 인도하신다는 것입니다.

미국의 한 목재소에 40세를 막 넘긴 신실한 남자 한 분이 열심히 일하고 있었습니다.

그러나 불황으로 해고를 당했습니다. 회사측이 더 이상 감당할 수 없자 구조조정을 한 것입니다.

그 사람은 하나님께 간절히 기도했습니다.

하나님을 바라보며 열정으로 하나님께 기도했습니다.

"하나님! 해고에 들어 있는 진정한 하나님의 계획은 무엇입니까?"

기도하고 기도했습니다.

기도 중에 그는 하나님의 음성을 들었습니다.

"건전한 사람들이 자고 가는 진실한 여관을 만들어라"

그는 이 음성을 듣고 조그만 여관을 만들어 성실하게 사람들을 섬기기 시작했습니다.

지금은 온 세계에 가장 큰 체인을 가지고 있는 '할리데이 인 호텔'이 되었습니다.

그가 바로 할리데이 인 호텔을 창업한 '케몬스 월슨'입니다.

케몬스 월슨은 나중에 이렇게 말했습니다.

"만일 그대 내게 해고 통지서가 안 날라 왔다면 나는 목공소에서 늙었을 것이다."

축복의 사람은 나가도 들어가도 복을 받습니다.

신명기 28장을 성경의 축복 장이라고 하는데 신명기 28장 1~3절 함께 찾아 읽겠습니다.

"네가 네 하나님의 여호와의 말씀을 삼가 듣고 네가 오늘 네게 명령하는 그의 모든 명령을 지켜 행하면 네 하나님 여호와께서 너를 세계 모든 민족 위에 뛰어나게 하실 것이라 네가 네 하나님 여호와의 말씀을 청종하면 이 모든 복이 네게 임하며 네게 이르리니 성읍에서도 복을 받고 들에서도 복을 받을 것이며"

어떤 사람입니까?

축복의 사람입니다.

이런 엄청난 축복이 함께 하시기 바랍니다.

3. 하나님께서 그 신앙을 인정하시는 인생을 사는 사람

성경에 나오는 믿음의 사람들이 하나님께 그 믿음이 인정 받았습니다.

하나님께서 인정하시면 그 어느 누구도, 마귀도 건들 수가 없습니다.

하나님은 기다리시고 기다리시며 오래 참으시는 하나님이지만 때로 하나님께서 인정하는 믿음의 사람들이 고난과 어려움을 겪으시면 직접 개입하는 사례들도 있습니다.

아브라함이 애굽에 내려가서 그의 아내가 매우 아름다워 본인이 혹시 그 일로 죽을까봐 그의 아내 사라를 이복동생이라고 속였습니다.

애굽의 바로가 아브라함의 아내를 탐하자 하나님께서 직접 바로의 집안에 재앙을 내리셨습니다.

하나님께서 직접 개입한 사례 이야기이기도 합니다.

하나님은 참 좋으신 하나님이시기에 인정받은 하나님의 사람들, 믿음의 사람들, 축복의 사람들은 하나님께서 반드시 지켜주심을 믿으시기 바랍니다.

축복의 사람은 어떤 사람입니까?

말씀을 쫓아 사는 사람입니다.

이런 사람에게는 철을 따라 열매를 맺으며 그 잎사귀가 마르지 않고 만사 형통케 하십니다.

축복의 사람은 하나님께 그 믿음이 인정 받은 사람입니다.

축복의 사람이 되시기를 기대하십니까?

여러분 평생에 하나님과 사귀면서 말씀을 쫓아 가는 인생, 축복의 인생을 누리시는 여러분 모두가 되시기를 바랍니다.

예배자를 찾으시는 하나님

요한복음 4:20~26

우리 조상들은 이 산에서 예배하였는데 당신들의 말은 예배할 곳이 예루살렘에 있다 하더이다 예수께서 이르시되 여자여 내 말을 믿으라 이 산에서도 말고 예루살렘에서도 말고 너희가 아버지께 예배할 때가 이르리라 너희는 알지 못하는 것을 예배하고 우리는 아는 것을 예배하노니 이는 구원이 유대인에게서 남이라 아버지께 참되게 예배하는 자들은 영과 진리로 예배할 때가 오나니 곧 이 때라 아버지께서는 자기에게 이렇게 예배하는 자들을 찾으시느니라 하나님은 영이시니 예배하는 자가 영과 진리로 예배할지니라 여자가 이르되 메시야 곧 그리스도라 하는 이가 오실 줄을 내가 아노니 그가 오시면 모든 것을 우리에게 알려 주시리이다 예수께서 이르시되 네게 말하는 내가 그라 하시니라.

미국의 유명한 장군 '리'에게 수요일 대통령이 전화를 했습니다.

저녁만찬에 초대를 한다는 것입니다. 그러나 리장군은 선약이 있어서 거절한다고 말했습니다.

대통령은 나와 약속보다 더 중요한 것이 무엇이냐고 물었습니다.

그는 말했습니다.

"하나님을 만나러 가는 것보다 더 귀중한 일은 없습니다."

예배는 무엇입니까?

예배는 하나님을 만나는 시간입니다.

그렇기에 이세상에서 가장 아름답고 축복의 시간이 예배시간입니다.

교회 안에서 이런 봉사, 저런 봉사하는 것도 중요하지만 예배 드리는 일을 소홀히 해서는 안됩니다.

제자훈련을 하는 이유가 무엇입니까?

예배를 더욱 굳건하게 드리기 위해 성경을 배우고 양육하고 제자훈련을 하는 것입니다. 그래서 최소한 주일예배는 목숨을 걸고, 생명을 걸고 지켜야 합니다.

개인적인 간증입니다만 하나님의 은혜로 거듭남의 경험을 한 이후 저는 개인적으로 목숨을 걸고 예배를 지켰습니다.

왜요?

예배는 하나님을 만나는 시간이기 때문입니다.

한 번 어길만한 일이 있었습니다.

주일학교 6학년 때였습니다.

어머님이 연안부두 가자고 해서 주일을 범할 일이 있었습니다.

그 때 어머님은 예수님을 믿지 않았습니다. 어머님께서도 말씀 드렸는데 중요한 일이니 교회보다 연안부두 가서 할 일이 있다는 것입니다. 그렇다고 부모님께 불순종 해서도 안 되는 것이었습니다.

속으로 기도하면서 주일을 지키려고 마음 먹었습니다.

연안부두의 할 일을 끝내고 그 다음 예배당을 향해 힘껏 달렸습니다.

교회정문으로 가면 더 늦을 것 같아 교회후문으로 빨리 달려갔더니 막 예배를 마치고 6학년 분반공부를 하는 것이었습니다.

교회 담임 선생님이 얼마나 기뻐하시는지?

저는 그때도 '하나님께서 이 마음을 얼마나 기뻐하실까?' 하는 마음으로 충만했습니다.

사랑하는 성도 여러분!
최소한 주일예배는 목숨 걸고 지키시기 바랍니다.
하나님께서 너무 기뻐하신다는 말씀입니다.
십계명 4계명이 무엇입니까?

"안식일을 기억하며 거룩하게 지키라"(출애굽기 20:8)

안식일은 예수님 오신 이후 주일이 되었습니다.
주일(주님의 날)을 기억하며 거룩하게 지키라는 것입니다.
출애굽기 20장 8절 말씀 함께 읽겠습니다.

"안식일을 기억하며 거룩하게 지키라"

성경본문의 내용은 사마리아 수가성 사마리아 여인과의 대화입니다.
예배는 장소가 중요한 것이 아니라 예배하는 마음, 예배하는 자세가 중요함을 예수님께서 말씀해 주시고 있습니다.

1. 하나님은 지금도 예배자를 찾으신다.

오늘 성경말씀은 하나님은 어떤 사람을 기뻐하시고 하나님이 누구이시며 하나님께 어떻게 예배하는 것이 참된 일인가?를 말씀해 주시고 있습니다.

먼저 하나님은 예배자를 찾으신다는 것입니다.

사랑하는 성도 여러분!

오늘 이 시간 여러분이 교회 나와서 예배를 드린다는 사실은 하나님의 놀라운 축복임을 믿으시기 바랍니다.

왜요?

하나님이 창세 전에 여러분을 선택하신 것이기 때문입니다.

요한복음 4장 23절입니다.

"아버지께 참되게 예배하는 자들은 영과 진리로 예배할 때가 오나니 곧 이때라 아버지께서는 자기에게 이렇게 예배하는 자들을 찾으시느니라"

스코틀랜드의 '에릭 리들'은 육상선수였습니다.

금메달 유망주였으나 경기하는 날이 주일이라고 해서 경기에 나가지 않았습니다.

그는 금메달을 포기하고 하나님께 가서 예배 드렸습니다.

이 얼마나 선수로써 고통스럽겠습니까?

그는 다른 날 다른 종목에 출전하여 금메달을 따서 금메달리스트가 되었습니다.

2. 하나님은 영이시다.

하나님은 어떤 분이십니까?

우주만물을 말씀으로 창조하신 분이 야훼하나님이십니다.

하나님은 영이십니다.

하나님은 사람이 아니십니다(민수기 23:19). 영은 사람의 시각으로 보이지 않는 살아있는 인격체입니다.

많은 사람들이 단지 자기들 눈에 보이는 것만 믿겠다고 합니다. 그러나 하나님은 영이시기에 사람의 눈으로 볼 수가 없습니다. 심지어 모세도 하나님 보기를 원했지만 하나님을 눈으로 볼 수가 없었습니다.

출애굽기 33장 18~20절입니다.

"모세가 이르되 원하건대 주의 영광을 내게 보이소서 여호와께서 이르시되 내가 내 모든 선한 것을 네 앞으로 지나가게 하고 여호와의 이름을 네 앞에 선포하리라 나는 은혜 베풀 자에게 은혜를 베풀고 긍휼히 여길 자에게 긍휼을 베푸시느니라 또 이르시되 네가 내 얼굴을 보지 못하리라 나를 보고 살 자가 없음이니라"

그러시면서 출애굽기 33장 23절에 내 등을 내가 볼 것이요 얼굴을 보지 못하리라 말씀하셨습니다.

그런데 하나님은 자기를 보기를 원하는 사람들을 위하여 육신의 눈으로 하나님을 볼 수 있는 방법을 마련하셨습니다.

- 하나님께서 창조하신 천지만물을 통하여(로마서 1장 20절)
- 신비한 방법으로 하나님께서 환상을 통해 혹은 꿈으로(민수기 12장 16절) 천사를 보내서 사람의 눈에 보이도록 기적을 행하셨습니다. 그러나 이 신비체험은 완전한 방법이 아닙니다. 왜냐하면 사탄도 신비한 체험을 보여주어 사람을 미혹하기 때문입니다.
- 말씀이 육신이 되어(요한복음 1장 18절)그 분이 바로 예수 그리스도이십니다.

예수님께서 무엇이라 하셨는가?

나를 본 사람은 아버지를 보았다고 말씀하셨습니다.

요한복음 14장 9절입니다

"예수께서 이르시되 빌립아 네가 이렇게 너희와 함께 있으되 네가 나를 알지 못하느냐 나를 본 자는 아버지를 보았거늘 어찌하여 아버지를 보이라하느냐"

3. 영과 진리로 예배할지니라

예수님께서 예배자의 자세를 말씀하고 있습니다.
하나님은 영이신 분이시기에 옛날 개역성경에는 '신령과 진정으로' 영과 진리로 예배하라고 말씀하십니다.
생명으로 온 맘으로 드리는 예배입니다.
이것을 쉽게 해석해 주는 로마서의 말씀이 있습니다.
로마서 12장 1절입니다.

"…너희 몸을 하나님이 기뻐하시는 거룩한 산 제물로 드리라 이는 너희가 드릴 영적 예배니라"

신명기 6장에 우리가 하나님을 사랑하는데 어떻게하라고 했습니까?
신명기 6장 5절입니다.

"마음을 다하고 뜻을 다하고 힘을 다하여 네 하나님 여호와를 사랑하라"

이런 마음으로 하나님께 예배하라는 말씀입니다.
지금도 하나님은 예배자를 찾고 계십니다.

링컨은 말하기를 "미국에 있는 남녀는 하나님께 성경과 교회와 안식을 진정으로 존경하지 않는 사람이 절대 없기를 바랍니다. 이러한 것이 쇠퇴한다는 것은 국가의 힘이 쇠퇴한다는 징조입니다."

예배에 여러분의 생명처럼 지켜 내시기를 바랍니다.
전능하신 하나님께서 예배를 귀중하게 여기고 예배를 생명처럼 지키는 자들에게 축복해 주시기를 바랍니다.

그가 오신 이유

누가복음 2:8~20

그 지역에 목자들이 밤에 밖에서 자기 양 떼를 지키더니 주의 사자가 곁에 서고 주의 영광이 그들을 두루 비추매 크게 무서워하는지라 천사가 이르되 무서워하지 말라 보라 내가 온 백성에게 미칠 큰 기쁨의 좋은 소식을 너희에게 전하노라 오늘 다윗의 동네에 너희를 위하여 구주가 나셨으니 곧 그리스도 주시니라 너희가 가서 강보에 싸여 구유에 뉘어 있는 아기를 보리니 이것이 너희에게 표적이니라 하더니 홀연히 수많은 천군이 그 천사들과 함께 하나님을 찬송하여 이르되 지극히 높은 곳에서는 하나님께 영광이요 땅에서는 하나님이 기뻐하신 사람들 중에 평화로다 하니라 천사들이 떠나 하늘로 올라가니 목자가 서로 말하되 이제 베들레헴으로 가서 주께서 우리에게 알리신 바 이 이루어진 일을 보자 하고 빨리 가서 마리아와 요셉과 구유에 누인 아기를 찾아서 보고 천사가 자기들에게 이 아기에 대하여 말한 것을 전하니 듣는 자가 다 목자들이 그들에게 말한 것들을 놀랍게 여기되 마리아는 이 모든 말을 마음에 새기어 생각하니라 목자들은 자기들에게 이르던 바와 같이 듣고 본 그 모든 것으로 인하여 하나님께 영광을 돌리고 찬송하며 돌아가니라.

마가복음 10:45

인자가 온 것은 섬김을 받으려 함이 아니라 도리어 섬기려 하고 자기 목숨을 많은 사람의 대속물로 주려 함이니라.

매년 12월이 되면 마음이 설레입니다.

중고등부 시절이나 주일학교 시절에는 어김없이 성탄절 축하의 밤을 가졌습니다.

성탄절이 되기 전 보통 12월 22~24일 중 한날을 택해 저녁에 교회 모든 어른들을 초청해 놓고 성극이나 연극, 중창, 독창 등 다양한 장르로 예수님의 탄생을 축하했습니다.

본문 말씀은 첫 번째 크리스마스 내용입니다.
맨 처음 성탄절이 어떠했는지 성경은 자세하게 말씀을 주시고 있습니다.

1. 성탄의 소식이 맨 먼저 양떼를 지키는 목자들에게 전해졌다.

현대시대는 직업 차별이 없습니다. 직업에 대한 계급도 물론 없습니다.
물론 인도라는 나라는 '카스트'라는 제도가 있어서 아직도 사람 간에 신분 계급이 존재하고 있습니다만 민주주의를 지향하는 나라는 신분제도가 있거나 직업 귀천이 없습니다.

그러나 성경이 쓰여 지는 시대에는 엄격하게 신분차별이 있었습니다.
구주로 오실 메시야는 당연히 세상에서 가장 높은 곳 왕궁이나 화려한 곳에서 태어나야 하지 않냐? 라는 것이 일반 사람들의 생각입니다.
"당연히 그래야지요" 일반 사람들은 그렇게 생각합니다. 그러나 구주로 오실 메시야는 세상에서 가장 천한 곳 말구유에서 태어났다는 것입니다.
'말구유'는 말 그대로 말이 음식을 먹는 밥통입니다.
말구유가 깨끗합니까?
아니요 냄새나고 지저분한 곳입니다.

어렸을 때 시골에서, 두메산골에 살면서 소에서 여물을 준 적이 있습니다.

큰 가마솥에 물과 옥수수, 겨, 벼단들을 썰어서 아궁이에 불에 때고 몇 시간이고 끓입니다.

그리고 나서 소여물이 주고 하는데 소여물(먹이)을 통나무를 깎은 먹이통에 갖다 놓으면 소들이 맛있게 소여물을 먹습니다.

'음메'하면서 말입니다.

소밥통이 말구유입니다.

깨끗합니까?

아니요 지저분하고 냄새가 나는 곳입니다.

그곳에서 메시야 되시는 우리 예수님이 태어나셨습니다.

누가복음 2장 7절입니다.

"첫 아들을 낳아 강보로 싸서 구유에 뉘였으니 이는 여관에 있을 곳이 없음이더라"

거룩하신 그 분 메시야 탄생소식은 맨먼저 그 당시 세상에서 가장 미천한 목자들에게 성탄의 기쁜 소식이 전해졌다는 것입니다.

세상에 구주로 오실 메시야는 보통 사람들이 생각과는 전혀 다르게 이 세상에 오셨고 메시야 탄생소식이 가장 미천한 사람들에게 전해졌다는 말씀입니다.

목자들은 비천한 계급의 사람들이었습니다.

이들에게 그리스도 탄생이 먼저 알려진 것은 그가 오신 이유가 무엇이며 누구를 위해서 오셨고 복음이 무엇인지를 말씀하고 있습니다.

예수님께서 공생에 중에 이렇게 말씀하셨습니다.

"예수께서 대답하여 이르시되 건강한 자에게는 의사가 쓸 데 없고 병든 자에게라야 쓸 데 있나니 내가 의인을 부르러 온 것이 아니요 죄인을 불러 회개시키러 왔노라"(누가복음 5:31~32)

내가 온 것은 의인을 구하러 온 것이 아니라 죄인을 구하러 온 것이다 이 말씀입니다.
구원의 복음은 언제나 마음이 가난한 자에게 언제나 열려 있습니다.
여러분!
어느 유형의 사람들이 예수님이 필요합니까?
권력 있고 부자 유형의 사람입니까? 아니면 가난하고 힘없는 유형의 사람들입니까?
건강한 사람들에게 의사는 있으나 마나한 존재입니다.
여러분은 어떻게 생각하십니까?
건강하면 병원이 잘 보이질 않습니다.
그런데 몸살이 났다든지 어디 아프면 병원을 찾기 시작하고 병원이 잘 보입니다.

성탄의 기쁜 소식이 베들레헴 벌판 양떼를 지키는 목자들에게 먼저 전해 주었음을 믿으시기를 바랍니다.

2. 성탄은 세상의 큰 기쁨의 좋은 소식입니다.

이 세상에는 아담과 하와 범죄 이래 기쁨의 소식이 없었습니다.

서로 싸우고 서로 죽이고 서로 미워하고 서로 시기하고 그리고 병들고 죽습니다.

불교의 석가모니가 깨달은 것은 인생은 생로병사라는 것입니다.
"태어나고 늙고 병들고 죽는다"
한마디로 인생은 인생 자체가 번뇌와 고통이라는 것입니다. 그래서 인생무상이 거기에서 나온 것입니다.
인생은 덧없다는 것입니다. 사람의 인생이 덧없이 흘러간다는 것입니다.
덧없다는 말은 보람이나 가치가 없이 헛되고 부질없다는 것입니다.
이 말이 맞는 것입니까?
'아니오'입니다.
메시야가 오기 전에는 일리가 있는 말씀일지는 모르나 그리스도(메시야)가 오심으로 우리 인생에 영원한 소망을 주셨습니다.
인생은 태어나고 늙고 병들고 죽는 것이 아니라 부활의 소망이 있고 영생이 있다는 말씀입니다.
예수님께서 요한복음 11장 25~26절에 말씀하십니다.

"예수께서 이르시되 나는 부활이요 생명이니 나를 믿는 자는 죽어도 살겠고 무릇 살아서 나를 믿는 자는 영원히 죽지 아니하리니 이것을 네가 믿느냐"

그러니까 마르다가 대답했습니다.

"이르되 주여 그러하외다 주는 그리스도시오 세상에 오시는 하나님의 아들이신 줄 내가 믿나이다"(요한복음 11:27)

마리아와 마르다 오빠 나사로는 죽은지 4일이 되었습니다.
3일장을 하고 장례식을 치르고 무덤에 안치되었습니다.
이스라엘 백성들은 동굴이나 바위굴에 시신을 안치합니다.
4일 지난 나사로의 무덤 앞에서 예수님은 큰 소리로 부르셨습니다.

"나사로야 나오라"(요한복음 11:45)

그런데 어떤 일이 벌어졌습니까?
살아났습니다.
이보다 더 한 기쁜 소식이 어디 있습니까?
요한복음 11장 44절 함께 읽습니다.

"죽은 자가 수족을 베로 동인채로 나오는데 그 얼굴은 수건에 싸였더라 예수께
서 이르시되 풀어 놓아 다니게 하라 하시니라"

이것이 바로 '기독교'입니다.
이것이 복음이요 주님께서 오신 이유입니다.

3. 하나님께 영광이요 땅에서는 하나님이 기뻐하신 사람들 중에 평화로다.

그가 오신 이유를 성경은 천군 천사의 찬양을 통해 분명하게 말씀해
주고 있습니다.
지금 이 시간에도 이 세상에는 주님과 아무 상관없이 이세상과 이별
하는 사람들이 너무나 많습니다.

"죽음이 끝이라면 우리가 예수님을 믿을 이유가 없습니다"
그러나 '죽음이 끝'입니까?
성경은 단호하게 말씀합니다.
'아니오'입니다.
히브리서 9장 27절입니다.

"한번 죽는 것은 사람에게 정해진 것이요 그 후에는 심판이 있으리니"

올해도 성탄절이 성큼 우리 앞에 다가왔습니다.
이번주간이 성탄 주간이기도 합니다.
우리 인생살이 힘들고 버거워도 우리 안에 예수님이 계시기 때문에 성탄절은 언제나 설레이고 기쁨의 날입니다.
성탄절을 맞이할 때마다 우리의 신앙이 더 성장하고 주님을 위해 더 뜨겁게 사랑하는 여러분이 되시기 바랍니다.
기쁨과 웃음이 가득한 성탄절 주간이 되시기를 바랍니다.

기쁨으로 여호와께 감사하라

시 100:1~5

온 땅이여 여호와께 즐거이 부를지어다 기쁨으로 여호와를 섬기며 노래하면서 그 앞에 나아갈지어다 여호와가 우리 하나님이신 줄 너희는 알지어다 그는 우리를 지으신 자시요 우리는 그의 것이니 그의 백성이요 그의 기르시는 양이로다 감사함으로 그 문에 들어가며 찬송함으로 그 궁정에 들어가서 그에게 감사하며 그 이름을 송축할지어다 대저 여호와는 선하시니 그 인자하심이 영원하고 그 성실하심이 대대에 미치리로다.

출 23:14~17

너는 매년 세 번 내게 절기를 지킬지니라 너는 무교병의 절기를 지키라 내가 네게 명령한 대로 아빕월의 정한 때에 이레 동안 무교병을 먹을지니 이는 그 달에 네가 애굽에서 나왔음이라 빈 손으로 내 앞에 나오지 말지니라 맥추절을 지키라 이는 네가 수고하여 밭에 뿌린 것의 첫 열매를 거둠이니라 수장절을 지키라 이는 네가 수고하여 이룬 것을 연말에 밭에서부터 거두어 저장함이니라 네 모든 남자는 매년 세 번씩 주 여호와께 보일지니라.

구약 성경에 이스라엘 백성들이 하나님께 의무적으로 지켜야 할 세 절기들이 있습니다.

첫 번째 절기는 무교절입니다.

그러면 유월절과 무교절은 무슨 차이입니까?

유월절은 하루 지키는 것이며 무교절은 유월절을 기준하여 7일동안 지키는 것입니다.

유월절은 유대 월력으로 보통 니산월 14일 저녁입니다.

전세계 신학자들이 유월절을 4월 14일로 보고 있습니다.

니산월은 4월입니다.

예수님께서 유월절 날에 운명하셨기 때문에 4월 14일에 3일을 더하면 4월 17일이 됩니다.

유대인들은 하루를 어떻게 따르느냐? 하면 저녁 6시부터 그 다음날 저녁 6시까지입니다.

예수님께서 4월 14일 저녁 초저녁에 유월절 만찬을 드시고 그 다음날 (15일)에 십자가를 지시고 운명하셨습니다.

성경말씀에 9시니까 우리나라의 시간으로 오후 3시, 4월 15일 오후 3시에 운명하신 것입니다.

17일인 일요일 새벽미명이니까 33시간에 부활하셨습니다.

날짜로 따지면 2박 3일만에 부활하신 것입니다.

유월절은 이스라엘 민족의 해방절기입니다.

출애굽 하기 전에 모세의 10가지 재앙 중 10년째 장자의 죽음 재앙에 하나님께서 모세에게 이스라엘 백성들은 "문설후에 어린 양의 피를 바르라" 말씀하셨습니다.

문설주에 어린양의 피를 묻힌 집은 죽음의 천사가 넘어감으로 생명을 유지할 수 있었습니다.

그래서 유월절을 영어로 'passover'입니다.

히브리어로는 '페시흐'인데 넘어갔다는 뜻입니다.

무교절은 니산월 14일이 유월절이지만 그것과 연관된 무교절 7일을 지키라는 것입니다.

유월절, 무교절은 신약시대이후 예수님의 부활절과 관련하고 있습니다.

두 번째 절기는 맥추절을 지키라는 것입니다.
이 절기는 땅에서 수고하여 첫 열매를 거두는 절기가 맥추절입니다.
하나님은 첫 이삭, 첫 열매를 드리는 것을 기뻐하십니다.
이 절기를 다른 이름으로도 많이 부릅니다.
칠칠절, 초실절, 오순절, 맥추절입니다.
성경적으로 이 절기는 성령 강림절인데 어디에 나옵니까?
사도행전 2장에 오순절 성령 강림의 역사가 나타납니다.
교회의 시작은 사도행전 2장입니다.
성령의 역사 시대를 여는 장이 사도행전 2장입니다.
물론 기독교의 시작은 예수님의 공생애, 십자가와 부활의 시작이지만,
본격적인 기독교 운동, 복음운동의 시작을 '성령강림'으로 말씀하고 있다
는 것입니다.
이 절기는 성령강림절과 맥추감사절과 관련하고 있습니다.

세 번째 절기는 수장절입니다.
수장절은 "네가 수고하여 이룬 것을 연말에 밭에서부터 거두어 저장
한다"는 것입니다.
이것이 오늘날의 '추수감사절'입니다.
이 세 절기를 반드시 하나님 앞에 지킬 것을 출애굽기 23장에 말씀해
주고 있습니다.
이 세 절기의 공통점은 하나님을 기억하고 그에게 감사함으로 나아오
라는 것입니다.

1. 여호와가 우리 하나님이시다

어릴 때 동네 친구들과 놀다보면 아버지를 자랑하고 자기 집안을 자랑하던 생각이 납니다.

"너네는 전화 있니"

"너네는 TV 있어."

집에 TV가 없던 시절 마을에 TV있는 집에 5월씩 내고 저녁 내내 본 적이 있습니다.

그러다가 5학년 때 드디어 텔레비전이 들어왔습니다.

얼마나 기뻤는지 너무 너무 신났습니다.

그럼 어떻게 해야 합니까?

동네 친구들에게 자랑을 합니다.

"야, 우리 집에 TV 들어왔단다."

"그러면 그 친구들이 얼마나 부러워하는지!"

지금 생각하면 별 것도 아닌데 말입니다.

그런데 오늘 시편 100편의 말씀을 읽어보면 시인이 우리 하나님에 대해서 '소위 자랑질'을 하고 있습니다.

저도 그렇게 하고 싶습니다.

"여호와는 우리 하나님이시다."

그분은 나의 목자이시고 쉴만한 물가로 인도하시고 음흉한 사망의 골짜기를 다닐지라도 나와 함께 하시고 나를 지켜주시는 분이시다는 말씀입니다.

시편 100편 3절을 함께 읽겠습니다.

"여호와가 우리 하나님이신 줄 너희는 알지어다. 그는 우리를 지으신 이요 우리는 그의 것이니 그의 백성이요 그의 기르시는 양이로다"

이것보다 더 큰 축복이 어디 있습니까?

예수님을 모르면 마치 여러종교 중에 하나라고 생각하는데 하나님을 나의 아버지라고 고백하지 못하고 이 세상과 이별한다면 이보다 더 큰 불행이 어디 있겠느냐?는 말씀입니다.

이 세상 살면서 최고의 축복의 만남은 '하나님을 만나는 것'입니다.

지금도 세상의 많은 사람들은 우상을 쫓고 이단에 빠진 사람들도 참으로 많다는 것입니다.

우리가 하나님을 감사해야 하는 이유는 그가 나의 하나님이시기 때문입니다.

다윗이 고백했습니다.

"내가 사망의 음침한 골짜기를 다닐지라도 해를 두려워하지 않을 것은 주께서 나와 함께 계심이라 주의 지팡이와 막대기가 나를 안위하시나이다."(시 23:4)

2. 기쁨으로 여호와를 섬기라.

한 주간의 정점은 '주일(일요일)'입니다.

한주간은 이 날을 위해서 존재하기 때문입니다.

이날은 무슨 날입니까?

주님 만나는 날이요 주님을 섬기고 예배가 있는 날입니다.

하나님 앞에 예배하려고 나아가는 자는 그것을 억지로 생각함은 불경건입니다.

마음에 설레고 기다려져야 하는 시간이 주일 예배입니다.

제가 거듭나고 예수님 만남 이후 주일이 늘 기다려졌습니다.

시간만 되면 예배당에 찾아갔습니다.

교회 문이 잠겨 있으면 교회 주위 기웃거리다가 돌아오곤 했습니다.

'우리 하나님이 얼마나 좋은지요'

3. 그에게 감사하며 그의 이름을 송축하라.

평상시에 학교 갈 때나 집에서 설거지 할 때나 하나님을 찬양하는 사람들이 있습니다.

하나님을 사랑하는 사람입니다.

성령 충만한 사람입니다.

하나님은 이런 믿음의 사람을 기뻐하시며 축복하십니다.

저는 성도님들이, 어린아이들이 하루에 한번 씩 교회에 들려 기도하고 하나님과 친밀한 시간들을 많이 하셨으면 좋겠습니다.

전도사 시절, 하나님은 제가 가는 교회마다 '부흥운동'이 일어나게 하셨습니다.

어린아이들, 학생들이 학교에 갔다 오면 제일 먼저 교회에 들려 기도하고 말씀으로 제자 훈련을 했습니다.

한 해에 교회 절기로는 마지막 절기입니다.

이 추수 감사절에 성경 말씀에 이르는 대로 여호와가 우리 하나님이심을 자랑하며 기쁨으로 하나님을 섬기며 그에게 감사하며 그 이름을 송축하므로 기쁨의 인생, 감사의 인생, 축복의 인생들이 다 되시기를 바랍니다.

네가 나를 사랑하느냐

요한복음 21:15~21

그들이 조반 먹은 후에 예수께서 시몬 베드로에게 이르시되 요한의 아들 시몬아 네가 이 사람들보다 나를 더 사랑하느냐 하시니 이르되 주님 그러하나이다 내가 주님을 사랑하는 줄 주님께서 아시나이다 이르시되 내 어린 양을 먹이라 하시고 또 두 번째 이르시되 요한의 아들 시몬아 네가 나를 사랑하느냐 하시니 이르되 주님 그러하나이다 내가 주님을 사랑하는 줄 주님께서 아시나이다 이르시되 내 양을 치라 하시고 세 번째 이르시되 요한의 아들 시몬아 네가 나를 사랑하느냐 하시니 주께서 세 번째 네가 나를 사랑하느냐 하시므로 베드로가 근심하여 이르되 주님 모든 것을 아시오매 내가 주님을 사랑하는 줄을 주님께서 아시나이다 예수께서 이르시되 내 양을 먹이라 내가 진실로 진실로 네게 이르노니 네가 젊어서는 스스로 띠 띠고 원하는 곳으로 다녔거니와 늙어서는 네 팔을 벌리리니 남이 네게 띠 띠우고 원하지 아니하는 곳으로 데려가리라 이 말씀을 하심은 베드로가 어떠한 죽음으로 하나님께 영광을 돌릴 것을 가리키심이러라 이 말씀을 하시고 베드로에게 이르시되 나를 따르라 하시니 베드로가 돌이켜 예수께서 사랑하시는 그 제자가 따르는 것을 보니 그는 만찬석에서 예수의 품에 의지하여 주님 주님을 파는 자가 누구오니이까 묻던 자더라 이에 베드로가 그를 보고 예수께 여짜오되 주님 이 사람은 어떻게 되겠사옵나이까 예수께서 이르시되 내가 올 때까지 그를 머물게 하고자 할지라도 네게 무슨 상관이냐 너는 나를 따르라 하시더라 이 말씀이 형제들에게 나가서 그 제자는 죽지 아니하겠다 하였으나 예수의 말씀은 그가 죽지 않겠다 하신 것이 아니라 내가 올 때까지 그를 머물게 하고자 할지라도 네게 무슨 상관이냐 하신 것이러라

축복의 아침입니다.

예수님께서 손수 조반을 만들어 주시고 7명 제자들과 함께 기쁨의 만

찬을 했습니다.

요한복음 21장은 예수님께서 요한복음 자체로 세 번째로 부활하신 후 나타나셨습니다.

성경전체로 본다면 7번째입니다.

요한복음 21장은 예수님의 부활의 확실성을 보여주시고 주님의 이적으로 많이 고기를 잡습니다.

주님의 이적이죠.

그리고 본문 말씀이 예수님 제자들의 대표라 할 수 있는 시몬 베드로에게 사명을 주시는 핵심 내용입니다.

1. 이 사람들보다 나를 더 사랑하느냐.

본문의 배경은 갈릴리 바다, 갈릴리 해변입니다.

제자들과 함께 있을 때 이든지 아니면 따로 시몬베드로를 불러서 단둘이 대화 형식인지는 확실치 않습니다.

다만 성경은 조반을 먹은 후에 예수님께서 시몬 베드로에게 "요한의 아들 시몬에 네가 이 사람들보다 나를 더 사랑하느냐" 묻고 있다는 사실입니다.

사명은 사랑해야 감당할 수 있습니다.

목사님이 성도들에게 '전도하십시오.' '사람들 강권하게 데려오십시오' 해도, 예수님을 사랑하는 마음이 없으면 전도도 안되고 전도가 부담이 됩니다.

그러니까 사명은 '사랑해야 합니다'

누구를?

예수님을 사랑해야 된다는 것입니다.

제가 거듭나기 전에 제대로 공부를 한 적이 없습니다.
그런데 거듭나니까 주님을 뜨겁게 사랑하는 것입니다.
사랑하니까 '내가 이래서는 안되겠다. 우등생이 되어야겠다.'
왜요?
그분께 그분의 영광, 하나님의 영광을 나타내기 위해서 입니다.

고린도전서 10장 31절 함께 찾아 읽습니다.

"그런즉 너희가 먹든지 마시든지 무엇을 하든지 하나님의 영광을 위해서 하라"

할렐루야!
우리가 하나님의 영광을 위해서 힘써 수고할 때에 하나님은 그 사람을 높이 사용하시고, 영광스럽게 한다는 것입니다.
예수님은 베드로에게 다른 것 묻지 않습니다.

"나를 사랑하느냐"(요한복음 21:15)

더 나아가서

"요한의 아들 시몬아 네가 이 사람들보다 더 나를 사랑하느냐"(요한복음 21:15)

사랑하는 성도 여러분!
'이 사람들보다'에는 자기가 세상에서 가장 사랑하는 아내도 포함되고 자녀도 포함되고 애인도 포함되며 부모님도 포함되고 진실한 친구도 포함합니다.

예수님은 이 사람들보다 나를 더 사랑하느냐 묻고 계시는 것입니다.

여러분의 대답은 어떠합니까?

본문내용 속에 '이 사람들보다'라는 말은 다른 사도들이 예수님을 사랑함보다 더욱 사랑하느냐 이라는 의미를 가지고 있습니다.

예수님께서 이렇게 물으신 이유는 베드로가 전에는 누구보다도 자기가 가장 주님을 사랑한다고 자처하며 교만했기 때문입니다.

그런데 어떻게 되었습니까?

죽음의 위기가 왔을 때 예수님을 모른다고, 예수님과 상관없다고 세 번씩 부인 한 것을 기억합니다.

예수님은 이제 베드로가 교만이 여전한 지 알아보고 있습니다만 베드로의 대답에는 비교하는 식으로 말하지 않으며 그가 주님을 사랑하는 줄 그 자신이 안다고 하지 않고 그저 주님이 아신다고 하여 극히 겸손한 신앙고백을 하고 있습니다.

요한복음 21장 15절 함께 읽습니다.

"그들이 조반 먹은 후에 예수께서 시몬 베드로에게 이르시되 요한의 아들 시몬아 네가 이 사람들보다 나를 더 사랑하느냐 하시니 이르되 주님 그러하나이다 내가 주님을 사랑하는 줄 주님께서 아시나이다 이르시되 내 어린양을 먹이라 하시고"

2. 근심하여 이르되 주님 모든 것을 아시오매

세 번, 3은 숫자적 상징적 의미가 있습니다.

예수님께서 '네가 나를 사랑하느냐' 두 번도 아니고 세 번 물으셨다는 것은 '진짜 믿을만하냐?'입니다.

거룩, 거룩, 거룩 이란 말은 진짜 거룩이요 완전 거룩이라는 것입니다.

우리말 성경에는 예수님의 사랑 표현이나 베드로의 사랑 표현은 똑같은 말로 번역, 표현하고 있습니다.

헬라어 원어 성경에는 예수님께서 1, 2번째 나를 사랑하느냐 사랑은 '아가파오' 했습니다.

아가파오는 동사이고 아가페는 '하나님 사랑' 명사입니다.

아가파오는 하나님 사랑으로 고귀한 사랑을 말합니다.

그런데 베드로가 고백하는 사랑은?

'필레오'입니다.

'필레오'는 우정 간에 사랑입니다.

'필레오'는 인간이 할 수 있는 사랑이지만 '아가파오'는 하나님만이 하실 수 있는 사랑입니다.

아가페는 독생자를 아끼지 아니하시고 인류를 구원하시기 위해서 십자가에서 피흘리는 사랑이 아가페의 정점입니다.

여러분!

'아가페' 할 수 있습니까?

'아가페'는 무조건 주는 것입니다. 조건 없이 아낌없이 주는 사랑입니다. 끝내는 죽음조차도 주는 사랑이 아가페입니다.

그런데 예수님께서 세 번째 이르시되 "요한의 아들 시몬아 네가 나를 사랑하느냐" 묻습니다.

두 번째까지 자신 있게, 겸손하게 대답했습니다.

세 번째 물음에 시몬 베드로는 자신이 없었습니다.

전력이 있지 않습니까?

배신의 상처가 있지 않습니까?

그 슬픔이 생각이 나서 베드로는 '근심'했다는 것입니다. 그러나 베드로는 거기서 멈출 수 없었습니다.

"주님 모든 것을 아시오매"(요한복음 21:17)

무슨 말씀입니까?

예수님은 전지전능하신 하나님이시므로 사람들의 마음과 과거의 행위와 미래의 행위를 다 아십니다.

그 주님 앞에서 '내가 주를 사랑하는 줄 주께서 아시나이다' 신앙 고백을 하고 있는 것입니다.

부활을 경험한 베드로는 연약한 베드로가 아니었습니다.

예수님께서 지시한 이름처럼, 반석이 된 것입니다.

예수님에 대한 베드로의 사랑은 이제 반석같이 든든해진 것입니다.

3. 죽음을 불사한 그의 사명 "늙어서는 네 팔을 벌리리니"

예수님께서는 베드로에게 사명을 주십니다.

내 양을 먹이라, 내 양을 치라는 것입니다.

'먹인다'는 말을 물을 먹임이요 '양을 친다'는 말을 양을 보호함과 찾음과 다 고쳐줌과 다스림을 가리킵니다.

그로티우스(Grotius)도 말했습니다.

"성직을 받는 것이 얼마나 어려운 일인지! 그것은 생명과 자유를 희생하는 것을 포함하는 일이다"

'주의 종'이 영광스러운 직분이기도 하지만 그에 따르는 고난도 있다는 것입니다.

수많은 군종들 앞에서 말씀을 전하는 일은 하나님의 종 만이 할 수 있는 아름다운 특권입니다.

재벌들이 할 수 있습니까?

대통령이 할 수 있습니까?

아닙니다.

베드로는 예수님을 얼마나 사랑하는지 그의 고생과 고난을 뛰어 넘어 죽음을 불사하는 사명을 받습니다.

그렇게 가능한 이유가 무엇입니까?

주님을 얼마다 사랑하는지 주님께서 아시기 때문입니다.

요한복음 21장 18~19절 함께 읽습니다.

"내가 진실로 진실로 네게 이르노니 네가 젊어서는 스스로 띠 띠고 원하는 곳으로 다녔거니와 늙어서는 네 팔을 벌리리니 남이 네게 띠 띠우고 원하지 아니하는 곳으로 데려가리라 이 말씀을 하심은 베드로가 어떠한 죽음으로 하나님께 영광을 돌릴 것을 가리키심이라 이 말씀을 하시고 베드로에게 이르시되 나를 따르라 하시니"

예수님을 사랑하십시다.

"네가 이 사람들보다 나를 더 사랑하느냐"

"주님 모든 것을 아시오매 내가 주님을 사랑하는 줄 주님께서 아시나이다"

신앙의 성장은 거듭날 때 성장합니다.

거듭남은 내가 예수님을 깊이 사랑할 때 성령의 역사가 나타나는 것입니다.

예수님을 사랑하시므로 기쁨과 축복, 성령충만의 삶이 되시기를 바랍니다.

복음전파는 성령의 권능으로(1)

사도행전 1:1~11

데오빌로여 내가 먼저 쓴 글에는 무릇 예수께서 행하시며 가르치시기를 시작하심부터 그가 택하신 사도들에게 성령으로 명하시고 승천하신 날까지의 일을 기록하였노라 그가 고난 받으신 후에 또한 그들에게 확실한 많은 증거로 친히 살아 계심을 나타내사 사십 일 동안 그들에게 보이시며 하나님 나라의 일을 말씀하시니라 사도와 함께 모이사 그들에게 분부하여 이르시되 예루살렘을 떠나지 말고 내게서 들은 바 아버지께서 약속하신 것을 기다리라 요한은 물로 세례를 베풀었으나 너희는 몇 날이 못되어 성령으로 세례를 받으리라 하셨느니라 예수께서 하늘로 올려지시다 그들이 모였을 때에 예수께 여쭈어 이르되 주께서 이스라엘 나라를 회복하심이 이 때니이까 하니 이르시되 때와 시기는 아버지께서 자기의 권한에 두셨으니 너희가 알 바 아니요 오직 성령이 너희에게 임하시면 너희가 권능을 받고 예루살렘과 온 유대와 사마리아와 땅 끝까지 이르러 내 증인이 되리라 하시니라 이 말씀을 마치고 그들이 보는데 올려져 가시니 구름이 그를 가리어 보이지 않게 하더라 올라가실 때에 제자들이 자세히 하늘을 쳐다보고 있는데 흰 옷 입은 두 사람이 그들 곁에 서서 이르되 갈릴리 사람들아 어찌하여 서서 하늘을 쳐다보느냐 너희 가운데서 하늘로 올려지신 이 예수는 하늘로 가심을 본 그대로 오시리라 하였느니라.

우리나라는 일년 절기를 24번으로 나눕니다.

봄은 1월이 아니고 2, 3, 4월은 봄이라고 하고, 여름은 5, 6, 7월을 여름이라 하고, 8, 9, 10월은 가을에 해당합니다. 겨울은 11, 12, 1월입니다.

그러면 8월이 왜 가을입니까?

8월 초순 절기가 입추이기 때문에 가을의 시작으로 보게 되는 것입니다.

2016년에는 8월 7일이 입추이고 8월 23일이 처서인데 처서라는 말은 '더위를 처분한다'라는 뜻으로 일년 중 늦여름 더위가 물러가는 때를 처서라고 했습니다.

2월에는 입춘(2/7), 우수(2/19)라는 싹이 트고 비가 내리는 절기가 있습니다.

3월에는 경칩(3/5), 춘분(3/20)이 있고 4월에는 청명(4/4)이라는 봄 농사 준비, 곡우(4/20)가 있습니다. 이 때 농사를 짓는 비가 내립니다.

5월에는 여름이 시작되는 입하(5/5), 소만(5/20)이 있고 소만은 본격적인 농사를 시작합니다.

6월에는 망종(6/5)-곡식의 씨를 뿌리는 날, 하지(6/21)-날이 가장 긴 날이 있으며 7월에는 소서(7/7)-여름 더위가 시작, 왜서(7/22)- 더위가 강한 시기가 있습니다.

9월에는 백로(9/7)-이슬이 내리기 시작, 추분(9/22)-밤이 길어지기 시작-이 있으며, 10월에는 한로(10/8)-찬 이슬이 맺힘, 상강(10/23)-서리가 내리기 시작이 있다는 것입니다.

11월에는 겨울이 시작되는 입동(11/7), 소설(11/22)-얼음이 얼기 시작-이 있고 12월에는 대설(12/7)-눈이 많이 내림, 동지(12/21)-밤이 가장 긴 때-가 있으며 1월에는 소한(1/6)-가장 추운 절기, 대한(1/21)-겨울 추위의 절정기-이 있습니다.

우리나라는 사계절이 뚜렷한 나라인데 언제인가부터 지구온난화 영향으로 봄과 가을은 짧고 여름과 겨울이 길어지고 있습니다.

어쨌든 그래도 대한민국이 4계절이 있고 해서 한국인이 부지런하고 근면할 수밖에 없는 좋은 장점들이 있습니다.

오늘 본문 말씀은 예수님의 승천에 관한 내용과 승천 하시기 전에 예수님께서 제자들과 신약의 크리스찬들에게 분부한 사명에 관한 내용입니다.

예수님의 승천 내용은 사도행전 1장에 구체적으로 보여주시고 말씀해 주시고 있습니다.

승천을 헬라어로 '아네레메테'인데 이 용어는 70인역(70인역은 구약성경을 헬라어로 번역한 성경)인데 엘리야의 승천(왕하 2:11)을 표현한 말과 똑같습니다.

그런데 문제는 너희들의 나의 증인이고 증인된 사명을 너희들이 해야 하는데 인간의 능력이나 지혜는 한계가 있다. 성령을 받아야 하고 성령으로 세례를 받아야 하고 성령의 권능으로만 증인된 사명을 성취할 수 있다는 말씀입니다.

믿으십니까?

예수님께서 성령을 받으려면 이렇게 해야 한다는 말씀이 사도행전 1장에 기록되어 있고 그 구체적인 예수님의 마지막 강론 말씀이 오늘 본문의 내용입니다.

1. 아버지께서 약속 하신 것을 기다리라.

기다리는 것이 참으로 쉽지 않습니다.

그래서 사람마다 기질들이 있는데 성격이 급한 사람은 인내와 기다림에 약하기 때문에 일을 빨리 처리하는 장점은 있지만 기다림에 약해서 실패할 가능성이 많이 있습니다.

대한민국 남성들은 군대에 의무적으로 다 갑니다.

특별한 경우를 제외하고 말입니다.

군대 생활이 힘든 이유는 환경도 적응하기가 힘들어서 힘든 경우도 있지만 2년, 3년이란 세월을 본인에게는 아무 의미 없이 보내고 그 기다림이 힘들다는 것입니다.

그래서 군대 생활을 잘하려면 의미부여(사명부여)와 목표를 가진다면 그 시간이 지루하게 지나가는 것이 아니라 꿈의 시간으로 지나가게 될 것입니다.

예수님의 부활을 목격했던 제자들은 지금 이 순간에도 정신이 없었을 것입니다.

예수님께서 부활 하신 후 40일 세상에 계셨는데 그 시간도 순식간에 지나갔습니다.

지금 제자들의 마음은 복잡하면서도 부활을 목격한 황홀함, 기쁨 등 흥분을 감추지 못했을 것입니다.

그리고 어떻게 해야 하나, 어떻게 살아야 하나 마음 같아서는 지금 당장 나가서 전도하고 복음을 전하려는 열정으로 가득 차 있는지도 모르겠습니다.

그 상황에서 예수님은 승천하시면서 다른 것 하지 말고 아버지께서 약속하신 것을 기다리라고 말씀하시고 있습니다.

전쟁에 나가는 군인은 먼저 훈련의 시기를 가지는 것처럼, 이제 복음 전선에 나아가는 사도들은 영력의 준비를 하고 이곳에서 갖추어야만 한다는 말씀입니다.

"예루살렘을 떠나지 말고 내게서 들으라 아버지의 약속하신 것을 기다리라"(사도행전 1:4)

예루살렘은 신약운동의 출발 장소로 예언되었고 예루살렘은 중요한 중심지역이기 때문에 진리를 전파하는 일이 그런 곳에서 시작되는 일은 너무나 당연한 일이었습니다.

예루살렘은 이스라엘의 수도이기도 하지만 대중들이 많이 움직이는 곳입니다.

전략적으로도 중요한 복음전파의 중심지이기도 합니다.

아버지의 약속하신 것이 무엇입니까?

성령입니다(요한복음 14:15~16, 25~26, 15:26, 16:7).

성령은 예수님께서 일찍이 약속하셨습니다.

요한복음 14장 16~19절 천천히 읽습니다.

예수님께서 말씀하셨습니다.

"내가 아버지께 구하겠으니 그가 또 다른 보혜사를 너희에게 주사 영원토록 너희와 함께 있게 하리니 그는 진리의 영이나 세상을 능히 그를 받지 못하나니 이는 그를 보지도 못하고 알지도 못함이라 그러나 너희는 그를 아나니 그는 너희와 함께 거하심이요 또 너희 속에 계시겠음이라"

제가 중등부 때 성경을 읽으면서 오해를 했습니다.

'보혜사'라는 이름 때문입니다.

왠 사찰(절) 이름이 성경에 나오냐?

그런데 '보혜사'는 절 이름이 아니고 '파라클레토스'라는 용어로 옆에서 도와주시는 분이라는 의미입니다.

중보자, 대변자, 돕는 자 등의 의미인데 성령님이 도와주신다는 것으로 이해하면 되는 것입니다.

성령님이 오시므로 임마누엘의 의미가 더욱 확고해지는 것입니다.

요한복음 14장 25~26절 천천히 읽겠습니다.

"내가 아직 너희와 함께 있어서 이 말을 너희에게 하였거니와 보혜사 곧 아버지 께서 내이름으로 보내실 성령 그가 너희에게 모든 것을 가르치고 내가 너희에게 말한 모든 것을 생각나게 하리라"

사도행전에 보면 베드로가 일어나서 청중들에게 설교를 합니다.

성령님을 받고 체험하고 나서 입니다. 그리고 마지막에 너희가 회개하고 예수 그리스도의 이름으로 세례를 받으라 그리하면 성령의 선물을 받게 된다는 것입니다.

그 말을 들은 사람들이 세례를 받았는데 그날 수가 삼천명이나 되었 습니다.

사도행전 2장 41절입니다.

"그 말을 받은 사람들은 세례를 받으매 이 날에 신도의 수가 삼천이나 더하더라"

여러분 이해가 되십니까?

베드로는 갈릴리에서 태어난 어부 출신입니다.

오늘날로 말하면 교육은 제대로 받지 않은 사람입니다.

그런데 사도행전 2장에 베드로의 설교를 보면 그 당시 율법학자보다 신학자보다 성경학자보다 능력있고 더 뛰어나는 것을 볼 수 있습니다.

누구의 권능입니까?

성령님의 능력이요 성령의 권능입니다.

성령의 감동이 와서 베드로가 일어나서 설교했을 때 영적 회개 대각 성 운동이 일어났습니다.

서로 서로 묻기를 "형제들아 우리가 어찌할꼬"

교회는 성령 하나님의 권능과 능력이 일어나야 하며 성령께서 성령의 불, 권능을 주셔야 한다는 말씀입니다.

요한복음 15장 25~26절, 16장 7절 입니다.

"내가 아버지께로부터 너희에게 보낼 보혜사 곧 아버지께서로 부터 나오시는 진리의 성령이 오실 때에 그가 나를 증언하실 것이요 너희도 처음부터 나와 함께 있었으므로 증언 하시느니라"(요한복음 15:25~26)

"그러나 내가 너희에게 실상을 말하노니 내가 떠나가는 것이 너희에게 유익이나 내가 떠나가지 아니하면 보혜사가 너희에게로 오시지 아니할 것이요 가면 내가 그를 너희에게로 보내리니"(요한복음 16:17)

무슨 말씀 입니까?

복음을 전파하고 증인된 사명을 성령님께서 나를 증언하고 내가 떠나가면 보혜사를 너희에게 보내주시겠다는 것입니다.

그러므로 모름지기 하나님의 백성들은 성령을 받기 위해 기도해야 하고 성령 세례를 사모해야 하며 이 세상을 이기기 위해서 성령 충만을 날마다 받아야 한다는 것입니다.

우리가 예수님을 영접하고 거듭나는 것은 다 성령님의 역사입니다.

이 말씀이 너무 중요하기에 다음 시간에 두번째 말씀으로 함께 은혜 받기를 바랍니다.

성령님의 권능과 능력이 임하기를 바랍니다.

복음전파는 성령의 권능으로(2)

사도행전 1:1~11

데오빌로여 내가 먼저 쓴 글에는 무릇 예수께서 행하시며 가르치시기를 시작하심부터 그가 택하신 사도들에게 성령으로 명하시고 승천하신 날까지의 일을 기록하였노라 그가 고난 받으신 후에 또한 그들에게 확실한 많은 증거로 친히 살아 계심을 나타내사 사십 일 동안 그들에게 보이시며 하나님 나라의 일을 말씀하시니라 사도와 함께 모이사 그들에게 분부하여 이르시되 예루살렘을 떠나지 말고 내게서 들은 바 아버지께서 약속하신 것을 기다리라 요한은 물로 세례를 베풀었으나 너희는 몇 날이 못되어 성령으로 세례를 받으리라 하셨느니라 예수께서 하늘로 올려지시다 그들이 모였을 때에 예수께 여쭈어 이르되 주께서 이스라엘 나라를 회복하심이 이 때니이까 하니 이르시되 때와 시기는 아버지께서 자기의 권한에 두셨으니 너희가 알 바 아니요 오직 성령이 너희에게 임하시면 너희가 권능을 받고 예루살렘과 온 유대와 사마리아와 땅 끝까지 이르러 내 증인이 되리라 하시니라 이 말씀을 마치시고 그들이 보는데 올려져 가시니 구름이 그를 가리어 보이지 않게 하더라 올라가실 때에 제자들이 자세히 하늘을 쳐다보고 있는데 흰 옷 입은 두 사람이 그들 곁에 서서 이르되 갈릴리 사람들아 어찌하여 서서 하늘을 쳐다보느냐 너희 가운데서 하늘로 올려지신 이 예수는 하늘로 가심을 본 그대로 오시리라 하였느니라.

2. 성령으로 세례를 받으리라

복음을 증거하고 전파하는 것은 영적인 일들입니다.

영혼 구원하는 것입니다. 성령의 권능으로 하지 않고는 사역을 감당할 수 없고 의지와 결심만으로는 오래 못간다는 사실입니다.

제자들은 경험했습니다.
예수님께서 체포를 당하시던 날 모든 제자들은 모두 도망갔습니다.
왜요?
예수님과 연루 되었다는 사실만으로 본인의 신상에 해가 될까 두려웠기 때문입니다.
이것이 인간의 본연 모습입니다.
이것은 어느 누구도 예외가 아닙니다.
그렇게 예수님을 사랑한다던 베드로도 "다른 사람이 다 주를 버릴지라도 나는 그리하지 않겠습니다." 호언 장담했지만 예수님께서 "닭이 두 번 울기 전에 네가 나를 모른다고 세 번 부인하리라" 말씀하셨는데 그대로 되었습니다.
후에 베드로가 예수님을 모른다고 그분과 전혀 상관 없다고 극구 부인하다가 닭이 두 번 울었습니다.
예수님의 말씀이 생각나서 밖으로 뛰쳐나가 통곡했다고 했습니다.
마태복음 26장 75절 입니다.

"이에 베드로가 예수의 말씀에 닭 울기 전에 네가 세 번 나를 부인하리라 하심이 생각나서 밖에 나가서 심히 통곡하니라"

무슨 말씀입니까?
인간의 연약성입니다.
인간의 결심이나 집념, 의지는 오래가지 못함을 보여주고 있습니다.
갈대와 같은 나약한 인간이지만 성령을 받고 성령을 체험하고 성령의 권능을 받지 못하면 사명, 사역을 감당할 수 없다는 것입니다.

화란 암스텔담에서 스미데스(Smietes)라는 목사님의 간증입니다.

어머니와 함께 벨리움에서 교회를 개척하기 위하여 힘쓰던 중에 핍박을 받은 일이 있었습니다.

엘라움의 부르페란 도시에서 건물을 하나 사서 수리한 후에 교회로 처음 모이는 주일에 그의 부친은 설교하고 그의 어머니는 독창하고 스미데스 본인은 풍금을 반주했습니다.

교인으로 출석한 사람은 단 한 사람이었는데, 이 사람은 술에 취하여 들어와 예배를 방해하면서 앉아 있었습니다.

이 사람은 그 지방 사람들의 모략에 의해서 들어왔던 것임을 후에 알게 되었습니다.

그 전날 많은 사람들은 예배당에 오라는 초청을 받은 일이 있었으나 반대자들의 방해로 아무도 예배당에 오지 못하였고 다만 술 취한 그 사람만이 보냄을 받은 것입니다.

그런데 그 예배 후에 그 술 취한 사람은 예수님 믿기를 굳게 약속하고 돌아갔습니다.

그는 과연 그날 이후로 일평생 신실한 기독신자로서 신앙생활을 잘 하였다고 합니다.

핍박이 있는 곳에 성령님의 역사가 특별히 나타난다는 사실을 믿으시기 바랍니다.

이 일화, 간증은 무엇을 말해주고 있습니까?

성령님의 역사가 있어야 하고, 성령님의 권능이 함께 해야 한다는 것입니다.

오늘 우리 한국 사회에 복음 증거가 힘들고 전도가 잘 안 되는 이유 중에 하나가 사람들이 많이 약아지고 강팍해졌다는 사실입니다.

아무리 좋은 씨앗도 자갈밭이나 길가에 심으면 제대로 자라나지 않습니다. 그 씨앗이 죽어 버립니다.

어떻게 해야 합니까?

자갈과 돌을 골라내고 땅을 기경하고 거름을 주고 땅을 부드럽게 한 다음 씨를 뿌릴 때 30배, 60배, 100배의 열매를 거두게 되는 것입니다.

사람들의 심령을 뒤흔들어 놓는 것은 성령님의 역사로 가능한 것입니다.

초창기 한국에서 기독교의 선교는 2가지 방법으로 접근하였습니다.

첫째 방법은 그야말로 길거리 전도, 개인전도, 노방전도를 통해서 대중을 깨우치고 그리고 교회 나오게 하고 신자를 만들었습니다.

저는 지금도 이 방법으로 계속해서 해야 한다고 봅니다.

효과는 많이 약해졌습니다만, 성령님은 지금도 살아 역사하셔서 전에 예수님을 모르는 이들에게 회심의 역사를 주기 때문입니다.

두 번째 방법은 학교를 세우고 병원을 세워서 돈 없는 가난한 학생들을 하나님의 사람으로 교육시키고 치료해 주었습니다.

이로 인해 많은 한국 백성들이 주님께로 돌아 왔습니다.

한국 기독교가 나라의 번영과 나라의 독립에 거대한 영향을 끼친 것은 교육을 통해 하나님의 사랑, 나라사랑의 의식을 가졌기 때문입니다. 그러니까 독립 운동가들의 대부분이 거의 크리스천들이었습니다.

유관순 누나부터, 김구, 안창호, 이승만, 손정도 목사에 이르기까지 크리스천입니다.

이제 한국교회는 두 번째 방법의 전도 접근이 필요합니다.

그러나 이러한 모든 일의 역사는 성령의 역사와 성령의 권능을 받아야 한다는 것입니다.

3. 너희가 권능을 받고.

사도행전 1장 8절을 함께 읽겠습니다.

"오직 성령이 너희에게 임하시면 너희가 권능을 받고 예루살렘과 온 유대와 사마리아와 땅 끝까지 이르러 내 증인이 되리라"

예수님은 성령을 받아야하고 성령님의 임재를 경험해야 하며 거기서 머물러서는 안 되고 성령의 권능까지 받아야 한다는 것입니다.

성령의 권능은 성령님이 임하시면 권능과 능력을 주신다는 것입니다.

권능은 헬라원어로 '듀나미스'입니다.

다이너마이트처럼 엄청난 힘, 능력이 임한다는 것입니다.

성령의 권능을 받을 때에 그리스도의 증인으로 나타나게 된다는 것입니다.

증인은 사실에 근거하고 말하는 것을 그 자격으로 합니다.

전도자들은 이론가도 아니고 이상주의자도 아니고 그리스도의 사건을 그대로 신앙하고 남들에게 증거하되 그것을 믿지 않는 자는 멸망한다는 것을 선포하는 사람입니다.

그래서 이 복음을 전파하는 자들은 증인이 될 것이니 만큼 그들이 수난이 있을지언정 왕노릇하거나 그 복음을 증거 하면서 권세를 잡는 일은 있을 수 없다는 것입니다.

큰 양조장을 경영하는 분이 어느 전도인의 전도를 받고 예수님을 구주로 영접했습니다.
양조장을 통해 큰 수입이 있었습니다.
엄청난 부자였습니다.
그러나 어느 날 은혜를 충만하게 받았습니다.
그는 그길로 양조장으로 돌아와서 도끼로 술이 들어있는 술통들을 모조리 깨뜨려 버렸습니다.
그날 그 동네 도랑에는 술이 온종일 콸콸 흘러 넘쳤습니다.
동네 사람들은 모두 아까워 했습니다.
그 후 그는 열심으로 교회를 섬기며 신앙생활을 하였습니다.
많은 분들이 그를 사랑했습니다.
그가 세상을 떠나던 날 동네 사람들이 그림을 보니까 지붕에서 불이 활활 타오르고 있더라는 것입니다.
동네 사람들이 물통들을 들고 달려갔습니다.
실제로 집이 불탄 것이 아니었습니다. 성령의 불이었습니다.

신앙생활을 잘하니까 하나님께서 그런 역사를 일으켜 주셨다는 말씀입니다.
성령을 받아야 합니다.
성령의 불을 끌 수 없다. 성령의 권능을 받아야 한다는 것입니다.
성령님을 받은 12제자와 120명 성도들은 그 날 이후로 죽음이 두렵지 않았습니다.
성령의 역사가 오늘의 기독교의 신앙을 있게 했고 그 성령님의 역사가 조선에 복음이 들어오고 오늘 저와 여러분들이 이 자리에 예배를 드리고 있는 것입니다.

교회는 성령 공동체입니다.

신자들은 모름지기 성령을 받아야 하고 성령의 권능을 받아야 하며 그래야 세상에 나가 내가 하나님의 사람임을 부끄러워하지 아니하며 복음을 증거 할 수 있다는 것입니다.

성령을 사모합시다.

성령님의 권능을 사모하며 여러분의 인생에 기쁨과 축복, 성령충만한 삶이 되시기를 바랍니다.

행복선언(1) 심령이 가난한 자는 복이 있나니

마태복음 5:1~12

예수께서 무리를 보시고 산에 올라가 앉으시니 제자들이 나아온지라 입을 열어 가르쳐 이르시되 심령이 가난한 자는 복이 있나니 천국이 그들의 것임이요 애통하는 자는 복이 있나니 그들이 위로를 받을 것임이요 온유한 자는 복이 있나니 그들이 땅을 기업으로 받을 것임이요 의에 주리고 목마른 자는 복이 있나니 그들이 배부를 것임이요 긍휼히 여기는 자는 복이 있나니 그들이 긍휼히 여김을 받을 것임이요 마음이 청결한 자는 복이 있나니 그들이 하나님을 볼 것임이요 화평하게 하는 자는 복이 있나니 그들이 하나님의 아들이라 일컬음을 받을 것임이요 의를 위하여 박해를 받은 자는 복이 있나니 천국이 그들의 것임이라 나로 말미암아 너희를 욕하고 박해하고 거짓으로 너희를 거슬러 모든 악한 말을 할 때에는 너희에게 복이 있나니 기뻐하고 즐거워하라 하늘에서 너희의 상이 큼이라 너희 전에 있던 선지자들도 이같이 박해하였느니라

조선일보 여론 조사 기관이 있습니다.

한국갤럽과 글로벌 마켓인사이트가 공동으로 조사했습니다.

10개국 5,190명에게 '행복 지수'를 조사했습니다.

'나는 행복하다'라는 질문에 답한 사람들 중에 한국인이 제일 적었습니다. 7.1% 였습니다.

한국 사람들 중에는 행복을 느끼는 사람이 7.1% 밖에 되지 않았다는 것입니다.

가장 행복을 느끼고 있는 나라가 브라질 사람들이었습니다.

60%가 나는 행복하다고 느끼고 있었습니다. 100명 중 60명이 행복하다고 느끼고 있는 것입니다. 이런 질문도 했습니다.

'세계에서 제일 행복한 사람은 누구입니까?'

이 질문에 대해 한국 사람들 49.3%가 세계제일의 부자 빌게이츠라고 대답했습니다.

제일 부자가 제일 행복할 것이라고 돈과 행복을 연결시키고 있는 나라가 한국이었습니다.

돈이 많으면 행복하고 돈이 없으면 행복하지 않다고 생각하는 것이 한국인들의 의식구조라는 것입니다.

그러나 여러분은 성경은 어떻게 말씀하고 있습니까?

'물질만 아니다'라고 말씀하고 있습니다.

예수님께서 말씀하신 8복 중에 물질과 관련하고 있는 것은 비슷하게 하더라도 1개입니다.

8복 중 3복이 무엇입니까?

"온유한 자는 복이 있나니 그들이 땅을 기업으로 받을 것임이요"(마태복음 5:5)

그런데 엄밀하게 말씀드린다면 '땅이 있는 자는 복이 있나니' 이렇게 말씀하지 않으셨습니다.

온유함으로 얻어지는 것이 땅을 기업으로 받는다는 것입니다.

1. 진정한 복은 '영적'이다.

세상의 복은 물질과 관련하고 있습니다.

얼마나 많은 현금을 보유했느냐 얼마나 많은 부동산(땅)이 있느냐 그것을 기준으로 복이 많다, 복이 적다, 복이 없다고 평가를 합니다.

그러면 여러분!

돈이 많다, 땅이 많다, 부자다라고 하면 죽을 때에는 가져가야 하지 않겠습니까?

그래야 그것이 축복이죠.

그런데 어떻습니까?

목숨은 돈으로도, 땅으로도 안 되는 것입니다.

그러니까 진정 의미의 축복은 물질이 아니라는 것입니다.

세상에서 가장 부자라 할지라도 하나님이 오늘밤에 부르시면 그 모든 것 다 내려놓고 가야하는 것입니다.

그래서 성경은 진정한 의미에서 축복은 '영적'이라는 것입니다.

'영적이다'라는 무슨 말씀입니까?

하나님과 긴밀한 교제를 말씀합니다.

시편 1편 2절에 복 있는 사람은 어떤 사람이라고 했습니까?

"오직 여호와의 율법을 주야로 묵상하며 그의 율법을 주야로 묵상하는도다"

그래서 3절에

"그는 시냇가에 심은 나무가 철을 따라 열매를 맺으며 그 잎사귀가 마르지 아니함 같으니 그가 하는 모든 일이 다 형통하리로다"

영적인 것은 영원성과 관계가 있습니다.

제 아무리 부자이고 권세가 있다고 해도 하나님과 관계 없으면 행복한 사람 같으나 실상은 불행한 사람입니다.

어느 사람이 더 행복한 것 같습니까?

어느 마을에 부자와 가난한 사람이 나란히 살고 있었습니다.

부자는 유산으로 받은 것이 많아서 항상 쌀 창고에 쌀이 넘쳐 났습니다.

그런데 이웃의 가난한 집은 가난하면서도 항상 웃음이 넘치고 더 가난한 집에 쌀을 날라다 주곤 했습니다.

두 집 모두 아들이 있었습니다.

어느 날 부잣집 아들이 아버지와 이런 대화를 나누고 있었습니다.

"아버지! 우리 부자이지요?"

"그럼! 모자람이 없는 부자지."

"그런데 앞집 친구도 모자라는 것이 없다는데요?"

"옷 입을 꼴을 보아라. 기워 입고 다니지 않니?"

"기워 입었기에 더 튼튼한 옷이라 해어지지 않는다고 해요?"

"우리 창고에 가보아라 쌀이 가득하다. 그 집은 쌀 독 항아리 긁는 소리가 가끔 들리지?"

"그런데 아버지. 그 집은 쌀이 그렇게 없어도 남에게 주는 쌀이 많아요. 우리 집은 그렇게 쌀이 많아도 남에게 한 톨도 안주네요."

여러분!

누가 더 행복한 것입니까?

2. 영생이 보장이 되어야 합니다.

진정한 행복은 이 세상 80~100년 살다가 가는 것이 아닙니다.
반드시 영생이 있어야 합니다.
쉽게 말하면 천국입니다. 천국이 보장되어야 합니다.
누가복음 16장에 어리석은 부자가 음부(지옥)에 가서 엄청난 고통을 당하고 있지 않습니까?
아브라함 품속에 있는 나사로를 통해 그 손가락 끝에 물을 찍어 내 혀를 서늘하게 해달라고 애원합니다.
그럼 나사로는 천국에 가고 부자는 왜 음부에 간 것입니까?
나사로는 살아 있을 때에 하나님을 잘 섬겼고, 부자는 매일 호화로운 잔치 속에 살았지만 하나님이 없는 인생이었습니다.
부자가 아브라함에 제안하고 부탁합니다.
이 말씀이 중요하기에 찾아 함께 읽습니다.
누가복음 16장 27~28절 읽습니다.

"이르되 그러면 아버지께 구하오니 나사로를 내 아버지의 집에 보내소서 내 형제 다섯이 있으니 그들에게 증언하게 하여 그들로 이 고통 받은 곳에 오지 않게 하소서"

아브라함이 뭐라고 대답합니까?

"아브라함이 이르되 그들에게 모세와 선지자들이 있으니 그들에게 들을지니라"(25절)

이런 말씀입니다.

네가 하는 말이 이해가 된다마는 이생에도 복음을 전하는 전도자들도 있고 목사님들도 있고 교회도 있다. 예수님 믿으면 된다는 말씀입니다. 방법이 없다. 예수님 믿는 수 밖에 없다는 것입니다.

사랑하는 성도 여러분!

진정한 행복은 영생 보장에 있음을 믿으시기를 바랍니다.

3. 심령이 가난한 자가 복이 있다.

예수님께서 산에 올라가셔서 산상수훈과 같은 황금 같은 말씀을 해주셨습니다.

여기서 산은 '다보산'이라고 하나 갈릴리에서 거리가 멀기에 갈릴리 호숫가에 '컨해틴'(Kun-hattin) 산으로 보고 있습니다.

마태복음에서 '산'은 특별히 하나님과 가까이 계신 장소이기도 합니다.

예수님께서 말씀하신 제 1복이 무엇입니까?

"심령이 가난한 자는 복이 있나니 천국이 그들의 것임이요"(마태복음 5:3)

심령이 가난한 자란 무슨 말씀입니까?

내부의 영혼에서 영적 궁핍을 느끼는 자들입니다.

자신의 할 수 없는 처지와 하나님 밖에 도와줄 자 없음을 아는 사람들이 심령이 가난한 자요 하나님 앞에서 오만한 자들과 반대되는 생활을 하기 때문에 그 오만한 자들의 박해를 받는 사람들이 심령이 가난한 자요 죄로 인해 상심하여 회개하는 사람들이 심령이 가난한 사람들입니다.

이들은 자기의 의가 없는 줄 알고 오직 하나님의 도우심과 신뢰를 구하는 자들입니다.

그 당시 바리새인들과 전혀 다른 사람들입니다.

여기서 '복'이 'Μακαριοι'라고 하는데 행복의 최고급입니다.

이 행복은 하나님이 주시는 것이며 사람이 주는 것이 아니라는 것입니다.

이런 사람에게 천국의 권세는 성령님이 역사하시는 참된 교회에서 나타났고 내세에서는 구원이 완성되니 영원히 하나님과 같이 있을 곳에 상급으로 받게 된다는 것입니다.

하나님을 사랑하고 진정한 하나님의 축복인 영적이고 영생이 보장되는 지혜와 깨달음의 축복을 누리시기를 바랍니다.

걸음을 인도하시는 여호와

잠언 16:9

사람이 마음으로 자기의 길을 계획할지라도 그의 걸음을 인도하시는 이는 여호와시니라

베드로전서 5:7

너희 염려를 다 주께 맡기라 이는 그가 너희를 돌보심이라

동양의 지혜라는 책을 보니까 이런 내용들이 있습니다.

사람은 일생에 4년에 걸쳐 변화를 겪는다고 합니다.

어린아이 때입니다.

어린아이 때에는 기운이 한 곳에 모이고 의지가 한결 같아서 지극히 조화로운 상태를 이룸으로 사물도 해치지 않고 덕도 더 없이 크다는 것입니다. 이것이 어린아이 첫 번째 변화입니다.

젊었을 때입니다.

젊었을 때에는 혈기가 넘쳐 흐르고 식욕과 성욕과 명예욕 같은 욕망이 일어나고 여러 가지 이해타산으로 주위의 사물과 서로 다투게 되므로 어린아이 때에 보존했던 덕기가 쇠약해진다는 것입니다.

나이가 많아졌을 때입니다.

나이가 많아져 노쇠하게 되면 젊었을 때 가졌던 모든 욕망과 이상이 상실되고 신체는 쇠약해져서 사물과 경쟁할 용기가 없어진다는 것입니다. 그래서 움직이기 싫어하고 다만 누울 자리와 휴식 할 곳만 찾게 된다는 것입니다. 일리가 있습니다.

마지막 변화는 죽을 날이 가까이 올 때입니다.

죽을 날이 가까이 오면 모든 것을 체념하고 자연으로 돌아가서 편히 안식하려 한다는 것입니다.

성경적인 말씀은 아니지만 일반 세상, 동양 자체 측면에서 일리가 있고 지혜의 말씀이라는 것을 깨닫게 되었습니다.

속담이나 명언은 오랜 세월을 통해서 나온 지혜입니다. 그 지혜는 모든 사람들이 공감하고 "그래 맞는 말이다" 인정하게 된다는 것입니다. 그래서 젊은이들은 노인의 지혜와 혜안에 귀 기울여야 합니다.

왜요?

시행 착오를 겪지 않기 위해서입니다.

어떤 경우에는 한 번의 시행착오가 인생의 실패로 끝날 수 있기 때문에 먼저 인생을 살았던 사람들의 이야기를 무시해서는 안 된다는 것입니다.

'걸음을 인도하시는 여호와'라는 말씀으로 함께 은혜를 나누고자 합니다.

1. 인생의 성장은 '목표'에 있다.

어떤 사람이 노인이고 어떤 사람이 젊은이 입니까?

보통 나이로 가늠하지만 설교자로서 보는 관점은 젊은이라 할지라도 인생의 꿈과 목표가 없는 사람은 나이가 젊을지라도 노인입니다. 반면 노인이라도 인생의 꿈과 목표가 그 마음 속에 불타오른다면 나이는 노인일지 몰라도 실상은 살아있는 젊은이다는 말씀입니다.

앞서 인생의 4가지 변화의 동양지혜를 말씀 드렸습니다만 일반적으로 그렇다 할지라도 하나님께서 주신 사명을 발견하거나 하나님이 주신 인생의 꿈과 목표가 있다면 나이가 많더라도, 나이가 들어간 하더라도 인생의 성장과 기쁨이 있음을 믿으시기 바랍니다.

그 대표적인 성경 인물이 '모세'입니다.
모세가 하나님의 소명을 받은 나이가 몇 살 때 입니까?
'80세'입니다.
80세는 노인입니다. 아마도 인생을 마무리하는 나이인지도 모릅니다.
모세는 늘 그렇듯이 미디안광야에서 목동으로 40년을 보냈습니다.
모세는 40년을 애굽의 왕궁에서 왕자로 그리고 40년은 동족의 해방을 시도하다가 실패로 끝나 미디안광야로 도망갔습니다. 그 광야에서 목동으로 40년을 보냈습니다.
목동 40년 지내는 동안 체념하고 체념했을 것입니다.
그런데 어느 날 모세는 호렙산에서 꺼지지 않는 떨기나무 불길 가운데 하나님의 음성을 들었습니다.
하나님이 말씀하십니다.

"이리로 가까이 오지 말라 네가 선 곳은 거룩한 땅이니 네 발에서 신을 벗으라"(출애굽기 3:5)

하나님을 만나니까 그의 눈이 번쩍였습니다.

하나님의 사명을 받으니까 나이가 문제가 아니었습니다.

인생의 사명, 꿈, 목표가 있으니까 그가 살아났습니다.

신명기 34장에 모세가 죽을 때에 눈이 흐리지 아니하고 기력이 쇠하지 않았다는 것입니다.

신명기 34장 7절입니다.

"모세가 죽을 때 나이 백 이십 세였으나 그의 눈이 흐리지 아니하였고 기력이 쇠하지 아니하였더라"

무슨 말씀입니까?

하나님의 사명 있는 자, 목표와 꿈이 있는 자 쇠하지 아니한다는 말씀입니다.

하나님께서 여러분에게 주신 꿈, 사명, 목표를 품고 믿음으로 전진해 나가시기를 주님의 이름으로 축원합니다.

2. 불타는 소원으로 기도하라

목표와 소원에 마음 속에 품고 기도를 해야 한다는 것입니다.

잠언서 16장 9절에 뭐라고 말씀하고 있습니까?

"사람이 마음으로 자기의 길을 계획할지라도 그 걸음을 인도하시는 이는 여호와시니라"

나의 문제, 내 인생의 문제는 내가 해결해 가는 것 같지만 인간의 신념이나 집념으로 하는 모든 일들은 한계가 있습니다.

하나님이 도와주셔야 합니다. 이것이 바로 신앙이요 신앙생활입니다.

잠언서 16장 1절에서도

"마음의 경영은 사람에게 있어도 말의 응답은 여호와께로부터 나오느니라"

잠언이 무엇입니까?

솔로몬의 지혜입니다.

솔로몬의 지혜는 하나님의 특별한 은사였습니다.

하나님께서 하나님의 지혜를 그의 인생에게 축복으로 주신 것입니다.

잠언서는 한 절, 한 절 말씀이 속담이고 지혜입니다.

수 천 년 혹은 수 백 년에 걸쳐서 생긴 사람들의 처세가 지혜인데 반해 솔로몬은 하나님의 지혜로 그의 인생 중에 기록되어진 것들입니다.

하나님은 좋으신 하나님이시며 그에게는 능치 못할 일이 없으셔서 우리가 진심으로 간구하며 구할 때 이루시고 응답주신 분이심을 믿으시기 바랍니다.

노만 필 박사가 어떤 목표를 달성하는데 세가지 비결이 있다고 했습니다.

첫째는 그림을 그리라는 것입니다. pictrize 입니다.

어떤 목표를 설정했을 때 그 목표가 달성된 것처럼 마음에 그림을 그리라는 것입니다.

쉽게 설명하면 불행과 재난을 늘 생각하는 사람은 그것이 오고 성공과 승리를 꿈꾸고 하는 사람은 성공과 승리가 온다는 것입니다.

심상에 그리는 사람은 그대로 된다는 것입니다.

둘째 비결은 기도하라는 것입니다. prayerize 입니다.

기도는 무한한 하나님의 능력을 끌어 당기는 힘이 되고 채널이 된다는 것입니다.

셋째 비결은 실현하라는 것입니다. realize입니다.

망설이기만 하는 사람은 아무런 성취를 할 수 없습니다.

시작이 반입니다. 거북이도 전진할 때는 머리를 내밀어야 합니다.

불타는 소원에 기도 힘쓰는 여러분 모두가 되시기 바랍니다.

3. 맡기라 그가 이루신다.

신앙생활은 하나님이 나와 함께하시고 나를 인도하시며 축복해 주심을 믿는 것입니다.

이 얼마나 큰 축복입니까?

요즘 대한민국에 젊은이 중에 무종교, 무신론자가 많이 늘어나고 있습니다.

참으로 불행한 일입니다.

영적으로 불쌍한 인생입니다.

어린아이에게는 반드시 부모님의 보호가 있어야 합니다. 부모님의 보호를 받지 못하면 고아가 될 수도 있고 잘못된 길로 갈 수도 있으며 사망의 음침한 골짜기로 인생을 걸을 수도 있습니다. 그래서 어느 정도 성인이 되기까지 부모님, 어른들의 보호가 반드시 필수입니다.

이와 마찬가지로 우리 인생은 하나님 앞에서 다 어린아이와 같습니다.

베드로전서 5장 7절에 뭐라고 말씀하십니까?

"너의 염려를 다 주께 맡기라 이는 그가 너희를 돌보심이라"

목표를 세웁시다.
꿈을 꿉시다.
불타는 소원으로 힘써 기도하십시다.
맡기십시다.
사람이 자기의 길을 계획할지라도 그 걸음을 인도하시는 하나님이심을
확신하며 인생 가운데 변함없는 하나님의 기쁨, 축복의 삶이 되시기를 축
복합니다.